suhrkamp taschenbuch 3921

AF196212

1969 erschien, wie es damals hieß, ein »Reader« von Peter Handke, der den Titel trug: *Prosa Gedichte Theaterstücke Hörspiel Aufsätze*. Die dort abgedruckten Gedichte waren dem im selben Jahr publizierten Band *Die Innenwelt der Außenwelt der Innenwelt* entnommen, in dem der Autor 42 für Lyrik bisher nicht verwendete Textformen entdeckte: etwa *Die Aufstellung des 1. FC Nürnberg vom 27. 1. 1968*, den Vorspann zum Film *Bonnie und Clyde* usw. Und obwohl Peter Handke in den darauffolgenden Jahren als Prosa- und Theaterautor in den Vordergrund trat, wendete er sich nicht von der Ausdrucksform Gedicht ab. Dies belegen etwa die Langgedichte *Leben ohne Poesie* oder *Blaues Gedicht* in dem Band *Als das Wünschen noch geholfen hat* (1974), das *Gedicht an die Dauer* (aus dem Jahre 1986) sowie die Verszeilen in den Notizbüchern, zuletzt dem 2005 veröffentlichten Band *Gestern unterwegs*.

Peter Handke
Leben ohne Poesie

Gedichte

Herausgegeben von
Ulla Berkéwicz

Suhrkamp

2. Auflage 2018

Erste Auflage 2007
suhrkamp taschenbuch 3921
© Suhrkamp Verlag Frankfurt am Main 2007
Suhrkamp Taschenbuch Verlag
Satz: Jung Crossmedia, Lahnau
Printed in Germany
Umschlag: hißmann, heilmann, hamburg
ISBN 978-3-518-45921-8

»– und in dieser zitternden Minute knisterte der Monatszeiger meiner Uhr...«

»...da allemal deine äußere und deine innere Welt sich wie zwei Muschelschalen aneinanderlöten und dich als ihr Schaltier einfassen...«

»Keine Antwort, überall Stille im Gasthof – das ganze Zimmer voll Mondschein –...«

Jean Paul

Die Innenwelt der Außenwelt
der Innenwelt

Geschrieben zwischen 1965 (»Das Wort Zeit«) und 1968 (»Der trauernd Hinterbliebene auf dem Hügel«)

1 Die neuen Erfahrungen

1966
in Bayreuth
vor einer Aufführung der Oper »Tristan und Isolde«
steckte ich
auf einem Parkplatz
zum ersten Mal
eine Münze
in einen Parkautomaten:
das war eine neue Erfahrung für mich
und weil man stolz ist
auf neue Erfahrungen
war ich stolz
auf die neue Erfahrung;

Ich fragte mich:

»Wann habe ich zum ersten Mal eine Tür mit eigenen
                              Händen geschlossen?
Und wo habe ich zum ersten Mal in einem Stück Brot eine
                              Ameise mitgegessen?
Und unter welchen Umständen habe ich Wasser zum ersten
                              Mal dampfen sehen?
Und wo habe ich zum ersten Mal unter einem Zellophan-
                              sack keine Luft mehr gekriegt?
Und wann habe ich zum ersten Mal einen Brief Express
                              aufgegeben?«

Einmal
in welchem Jahr?
erwachte ich
zum ersten Mal in einem fremden Raum
und bemerkte zum ersten Mal
daß ich in einem Raum war.

Einmal
an welchem Ort?
rief mich jemand
– »Schnell! Schnell!«
zu sich
über einen Weg
und als ich zurückrief
– »Ja! Ja!«
und dann lief
und dann ankam
bemerkte ich zum ersten Mal
daß ich
früher als ich ankam
gelaufen war.

1948
an der bayrisch-österreichischen Grenze
im Ort Bayrisch-Gmain
»in einem Haus mit welcher Nummer?«
sah ich
auf einem Bettgestell
unter einem Leintuch
hinter Blumen
zum ersten Mal
einen Menschen der tot war.

In Österreich
später
»Wann?«
Ich weiß nicht
»Unter welchen Umständen?«
Als ich einmal aufschaute
und die Mutter erblickte
die in einiger Entfernung
»In welcher Entfernung?«

In Entfernung von mir
am Tisch stand
und bügelte
überkam mich
weil ich sie dort
erblickte
zum ersten Mal
Scham
so daß der Abstand
zum Tisch
ein Schamabstand wurde.

1952
im Sommer
als ich
(vom Leichenschmaus zum Andenken an die gerade
beerdigte Großmutter nach Hause geschickt, um einem
Trauergast die vergessenen Zigaretten zu holen)
den leeren
stillen
Raum
betrat
in dem die Tote
drei Tage lang
aufgebahrt war
und
in dem stillen
leeren
Raum
nichts erblickte
als eine kleine schmutzige Lache
aus einer Vase
auf dem Fußboden
hatte ich
zum ersten Mal

im Leben
Angst
vor dem Tod
und nur weil man sagte
daß es einem in der Todesangst
kalt über den Rücken rinnt
konnte ich mich
indem ich mir
zum Schutz
die Worte die man sagte vorhielt
der Todesangst
noch einmal
erwehren.

Später
sah ich
(nachdem ich immer von *gefährlichen* Irren gehört hatte)
zum ersten Mal
einen *un*gefährlichen Irren:
verschüttete ich zum ersten Mal
Coca Cola
in den Schnee
an der Großglockner-Hochalpenstraße:
sah ich zum ersten Mal
in einem Film
auf den Befehl: Hände hoch!
einen Einarmigen
die Hand
heben:
sah ich
zum ersten Mal
eine Schaufensterpuppe
mit Brillengläsern:
hatte ich
(als ich mich aussprechen sollte)

zum ersten Mal
keinem mehr etwas zu sagen.

Jetzt frage ich mich:

Wann werde ich zum ersten Mal von jemandem hören, der
einen Regenschirm mit in den Tod nehmen konnte?

Heute
(obwohl es heißen könnte: »Ich sehe es *wie* zum ersten
                                                    Mal«)
sehe ich
nicht zum ersten Mal
ein Bild
auf dem ein Vertreter der Obrigkeit
einem durch die Obrigkeit Vertretenen
nachsetzt
und *nicht* zum ersten Mal
lese ich davon
daß jemand so lange geprügelt wurde
bis er bereit war
auszusagen
daß er nicht geprügelt worden war
aber
wirklich zum ersten Mal
sehe ich heute
in der Straße in der ich wohne
vor dem Hotel Royal
auf dem Gehsteig
einen großen Fußabstreifer liegen
und sah vor einigen Tagen
zum ersten Mal
das Innere einer Rolltreppe
und sah
zum ersten Mal

einen gerade geangelten Fisch
in der Faust
eines Königs
und sah
zum ersten Mal
zum ersten Mal
den Kaffee
aus der Tasse
jäh überschwappen
auf das weiße Tischtuch
im Transeuropaexpress.

Die Zeit ist ein Hauptwort. Das Hauptwort bildet keine Zeit. Da die Zeit ein Hauptwort ist, bildet die Zeit keine Zeit.

Wie das Hauptwort keine Zeit bildet, bildet das Hauptwort keine Leideform. Die Zeit ist ein Hauptwort. Da die Zeit ein Hauptwort ist, bildet die Zeit keine Leideform.
Die Leideform ist ein Hauptwort. Das Hauptwort bildet keine Leideform. Da die Leideform ein Hauptwort ist, bildet die Leideform keine Leideform. Aus demselben Grund bildet die Leideform keine Zeit.

Wie das Hauptwort weder Zeit noch Leideform bildet, bildet das Hauptwort keine Möglichkeitsform. Die Zeit ist ein Hauptwort. Da die Zeit ein Hauptwort ist, bildet die Zeit keine Möglichkeitsform.
Die Möglichkeitsform ist ein Hauptwort. Das Hauptwort bildet keine Möglichkeitsform. Da die Möglichkeitsform ein Hauptwort ist, bildet die Möglichkeitsform keine Möglichkeitsform. Aus demselben Grund bildet die Möglichkeitsform keine Zeit.
Das Hauptwort bildet keine Leideform. Die Möglichkeitsform ist ein Hauptwort. Da die Möglichkeitsform ein Hauptwort ist, bildet die Möglichkeitsform keine Leideform. Aus demselben Grund bildet die Leideform keine Möglichkeitsform.

Wie das Hauptwort weder Zeit noch Leideform noch Möglichkeitsform bildet, bildet das Hauptwort keine Person. Die Zeit ist ein Hauptwort. Da die Zeit ein Hauptwort ist, bildet die Zeit keine Person.
Die Person ist ein Hauptwort. Das Hauptwort bildet keine

Person. Da die Person ein Hauptwort ist, bildet die Person keine Person. Aus demselben Grund bildet die Person keine Zeit.

Das Hauptwort bildet keine Leideform. Die Person ist ein Hauptwort. Da die Person ein Hauptwort ist, bildet die Person keine Leideform. Aus demselben Grund bildet die Leideform keine Person.

Das Hauptwort bildet keine Möglichkeitsform. Die Person ist ein Hauptwort. Da die Person ein Hauptwort ist, bildet die Person keine Möglichkeitsform. Aus demselben Grund bildet die Möglichkeitsform keine Person.

Im Gegensatz zum Hauptwort bildet das Zeitwort Leideform, Möglichkeitsform, Person und Zeit. Das Zeitwort aber ist ein Hauptwort. Das Hauptwort aber bildet im Gegensatz zum Zeitwort weder Leideform noch Möglichkeitsform noch Person noch Zeit. Also auch das Zeitwort bildet keine Zeit.

»Ich möchte nach Stock.«

Sie fahren mit dem Fernschnellzug um 6 Uhr 2.
Der Zug ist in Alst um 8 Uhr 51.
Sie steigen um in den Schnellzug nach Teist.
Der Zug fährt von Alst ab um 9 Uhr 17.
Sie fahren nicht bis nach Teist, sondern steigen aus in Benz.
Der Zug ist in Benz um 10 Uhr 33.
Sie steigen in Benz um in den Schnellzug nach Eifa mit dem Kurswagen nach Wössen.
Der Schnellzug nach Eifa fährt ab um 10 Uhr 38.
Der Kurswagen wird in Aprath abgehängt und an den Schnellzug Uchte–Alsenz gekoppelt.
Der Zug fährt in Aprath ab um 12 Uhr 12.
Ab Emmen fährt der Zug als Eilzug.
Sie fahren nicht bis nach Wössen, sondern steigen um in Bleckmar.
Der Zug ist in Bleckmar um 13 Uhr 14.
In Bleckmar können Sie sich umsehen bis 15 Uhr 23.
Um 15 Uhr 23 fährt von Bleckmar ein Eilzug ab nach Schee.
(Dieser Zug verkehrt nicht am 24. und 25. 12. und führt nur sonntags 1. Klasse.)
Sie kommen in Schee Süd an um 16 Uhr 59.
Die Fähre nach Schee-Nord geht ab um 17 Uhr 5.
(Bei Sturm, Nebel und unvorhergesehenen Ereignissen kann der Fährverkehr ausfallen.)
Sie sind in Schee-Nord um 17 Uhr 20.
Um 17 Uhr 24 fährt vom Bahnhof Schee-Nord der Personenzug ab nach Sandplacken.
(Dieser Zug führt nur 2. Klasse und verkehrt nur an Werktagen und verkaufsoffenen Samstagen.)
Sie steigen aus in Murnau.

Der Zug ist in Murnau ungefähr um 19 Uhr 30.
Vom gleichen Bahnsteig fährt um 21 Uhr 12 ein Personen- und Güterzug weiter nach Hützel.
(In Murnau gibt es einen Warteraum.)
Sie sind in Hützel um 22 Uhr 33. *(Diese Zeiten sind ohne Gewähr.)*
Da der Personenverkehr von Hützel nach Krün eingestellt ist, nehmen Sie den am Bahnhofsvorplatz wartenden Bahnbus *(ohne Gewähr)*.
Sie steigen aus in Vach gegen 1 Uhr.
Der erste Straßenbus von Vach geht ab um 6 Uhr 15.
(In Vach gibt es keinen Mietwagen.)
Sie sind in Eisal um 8 Uhr 9.
Der Bus um 8 Uhr 10 von Eisal nach Weiden verkehrt nicht in den Schulferien.
Sie sind in Weiden um 8 Uhr 50.
Um 13 Uhr geht der Bus eines Privatunternehmens von Weiden über Möllen-Forst-Ohle nach Schray.
(Nach Schray und Ohle fährt der Bus weiter nur nach Bedarf.)
Sie sind in Schray um 14 Uhr 50.
Zwischen Schray und Trompet verkehrt um diese Zeit ein Milchwagen, der bei Bedarf auch Personen befördert.
In Trompet können Sie gegen 16 Uhr sein.
Zwischen Trompet und Stock gibt es keine Kraftverkehrslinie.
Zu Fuß können Sie gegen 17 Uhr 30 in Stock sein.

»Im Winter ist es dann schon wieder dunkel?«
»Im Winter ist es dann schon wieder dunkel.«

Zuerst durch ein Maisfeld rennen.
Dann in der leeren Konzerthalle durch die Stuhlreihen
laufen.

Dann nach dem Ende des Länderspiels sich durch den
Haupteingang zurück ins Stadion drängen.

Bist du fähig, wenn du auf die Straße trittst, nur noch *geistesgegenwärtig* zu sein?
Bist du fähig, wenn du auf die Straße getreten bist, dich nur noch zu *betätigen*?
Bist du fähig, wenn der Entschluß gefaßt ist, keinen *andern* Entschluß mehr zu fassen?
Bist du fähig, nicht mehr Einzelheiten zu unterscheiden, sondern *Bewegungen*, nicht mehr Waagrechtes, sondern *Aufrechtes,* nicht mehr Menschliches, sondern *Weiches*?
Bist du fähig zu *allem*?

Wo versammeln sich Leute? – Leute versammeln sich, wo sich schon Leute versammeln.
Wo versammeln sich Leute? – Vor ausgehängten Zeitungen.
Wo versammeln sich Leute? – Vor Verkehrsampeln.
Wo noch versammeln sich Leute? – Vor Geldschaltern.
Wo noch? – Vor Schaufenstern in Arbeit.
Wo noch? –
Vor zwei raufenden Hunden.
Vor Fleckputzmittelverkäufern.
Vor Hotelportiers, die auf die Straße treten.
Wo noch? –
Unter Markisen, wenn es unversehens zu regnen anfängt.

Es fängt zu regnen an. – Es regnet noch zu wenig.

Wo gehst du hin? – Zuerst stoße ich einen Obstkarren um und warte, bis genug Kinder herbeilaufen, um das Obst aufzuheben.

Und dann? – Dann verkünde ich an der Straßenecke eine Frohe Botschaft und warte, bis genug Leute stehengeblieben sind.

Und dann? – Dann warte ich, bis genug Leute für jemanden ein Spalier bilden.

Und dann? – Dann stelle ich mich tot und springe auf, wenn ich genug Leute nach einem Arzt rufen höre.

Und dann? – Dann treibe ich eine Wette hoch, wieviele Leute in ein Auto passen, und warte, bis ein Schock Leute im Auto sind.

Und dann? – Dann warte ich im Parterre eines möglichst hohen Gebäudes und warte, bis der Aufzug herunterkommt.

Und dann? – Dann werbe ich für Führungen und warte, bis die Teilnehmer eine gewisse Mindestzahl erreicht haben.

Und dann? – Dann veröffentliche ich ein Preisausschreiben, bei dem jeder Teilnehmer einen Preis gewinnt, und warte, bis der erste Teilnehmer seinen Preis persönlich abholen möchte.

Und dann? – Zu den Telefonzellen.

Und dann? – Zur Stadtrundfahrt.

Und dann? – Bahnhofssperren.

Und dann? – Rolltreppen in Kaufhäusern.

Und dann? – Geisterbahnen.

Und dann? – Heimkehrerzüge.

Und dann? – Aussichtstürme.

Und dann? – Kurorte.

Und? – Ausfallstraßen.

Und? – Paßhöhen bei strahlendem Sonnenschein.

Und? – Beliebte Ausflugsziele.

Und? – Parkbänke in den Büropausen.

Und dann? – Fenster in Vororten bei Feierabend.

Und zuallererst? – Zuallererst beschäftige ich mich mit einem einzelnen und warte, bis sich genug Leute um den einzelnen versammelt haben.

»Die erste Schrecksekunde nützt du also dazu aus, für eine zweite Schrecksekunde zu sorgen, und die zweite Schrecksekunde, für noch eine Schrecksekunde zu sorgen, damit du, weil du ja selber von keiner Schrecksekunde betroffen bist, ihnen immer, wenn sie sich gerade von einer Schrecksekunde erholen, gerade um die weitere Schrecksekunde voraus bist, für die du gesorgt hattest, während sie sich noch von der ersten Schrecksekunde erholten, so daß schließlich die Schrecksekunden kein Ende mehr nehmen.«
Und wie?
Kurzen Prozeß machen. Nicht lang fackeln. Ausmerzen. Erledigen. Beiseite. Weg damit.
»Niemanden zählen lassen, nicht einmal bis drei.«

Und zuguterletzt?
Zuguterletzt lasse ich jemanden übrig, der später die Tradition fortsetzen kann.

5   Was Ich nicht bin, nicht habe, nicht will, nicht
    möchte – und was ich möchte, was ich habe
    und was ich bin

(Satzbiografie)

Was ich NICHT bin:
Ich bin kein Spielverderber
Ich bin kein Kostverächter
Ich bin kein Kind von Traurigkeit.

Was ich ERSTENS, ZWEITENS und DRITTENS nicht bin:
Ich bin erstens kein Träumer, zweitens kein Einsiedler und
drittens kein Bewohner des Elfenbeinturms.

Was ICH nicht bin:
Ich bin kein Stimmvieh.

Was ich LEIDER nicht bin:
Ich bin leider kein Held
Ich bin leider kein Millionär.

Was ich GOTTSEIDANK nicht bin:
Ich bin gottseidank kein Automat
Ich bin gottseidank keiner, mit dem man machen kann, was
man will.

Was ich SCHLIESSLICH nicht bin:
Ich bin schließlich kein Hampelmann
Ich bin schließlich kein Irrenwärter
Ich bin schließlich kein Müllabladeplatz
Ich bin schließlich kein Wohltätigkeitsverein
Ich bin schließlich kein Seelentröster
Ich bin schließlich keine Kreditanstalt

Ich bin schließlich nicht euer Fußabstreifer
Ich bin schließlich kein Auskunftsbüro.

Was ich ZWAR nicht bin, ABER AUCH nicht bin:
Ich bin zwar kein Feigling, aber auch kein Lebensmüder
Ich bin zwar kein Verächter des Fortschritts, aber auch kein
                Anbeter alles Neuen
Ich bin zwar kein Militarist, aber auch kein Verfechter eines
                faulen Friedens
Ich bin zwar kein Anhänger von Gewalt, aber auch kein
                Prügelknabe
Ich bin zwar kein Schwarzseher, aber auch kein blauäugiger
                Utopist.

Was ich WEDER NOCH bin:
Ich bin weder ein Nationalist noch ein Gleichmacher
Ich bin weder ein Anbeter der Diktatur noch ein
        Verteidiger einer falsch verstandenen Demokratie.

Was ich nicht HABE:
Ich habe nicht die Lust, die Nase in die Angelegenheiten
                fremder Leute zu stecken.

Was ich nicht WILL:
Ich will kein Aufsehen.

Was ich nicht will, ABER:
Ich will ja nicht sagen, daß hier alles in Ordnung ist, aber –

Was ich NICHT will, ABER AUCH nicht will:
Ich will nicht alle meine Vorzüge aufzählen, aber ich will
        auch nicht auf falsche Weise bescheiden sein.

Was ich nicht MÖCHTE:
Ich möchte nicht den ersten Stein werfen.

Was ich MÖCHTE:
Ich möchte, daß wir uns vertragen.

Was ich WILL:
Ich will immer nur das Beste für euch.

Was ich GEWOLLT HABE:
Ich habe immer nur das Beste gewollt.

Was ich GEHABT HABE:
Ich habe früher ähnliche Ansichten gehabt.

Was ich HABE:
Ich habe eigene Probleme.

Was ich BIN:
Ich bin dafür.

Was ich AUCH NOCH bin:
Ich bin auch noch da.

Was ich AUCH MANCHMAL BIN, ABER DANN WIEDER:
Ich bin auch manchmal der Ansicht,
daß es so nicht weitergeht, aber dann wieder –

Was ich BIN:
Ich bin's!

6 Die Farbenlehre

In M. ist ein Kind von einem Unbekannten im Auto mitgenommen und später mit einem Hammer auf den Kopf geschlagen worden:

Der Junge sagt,
er sei von einem Mann in einem GRÜNEN
Auto mitgenommen und mit einem Hammer mit ROTEM
Griff geschlagen worden.
Um auf der Toilette auszutreten, sei er mit dem Mann in
eine Wirtschaft gegangen, in der die männlichen
                              Angestellten ROTE
Jacken und SCHWÄRZLICHE
Hosen getragen hätten,
und in der Toilette habe eine Frau mit WEISSEN
Haaren gesessen und an GRAUEN
oder BRAUNEN
Socken gestrickt.
Der Mann habe sich mit einer ROSA
Seife die Hände gewaschen,
und in der Wirtschaft sei ein DURCHSICHTIGES
Regal gewesen, in dem GOLDENE
Nüsse und GELBE
Kartoffelchips ausgestellt waren.
Der Mann habe ihm GELBE
Limonade gekauft und im Auto,
um ihn zum Lachen zu bringen,
eine GRÜNE
Luftmatratze aufgeblasen und ihn in einen Neubau
                              geführt
und dort vor einer WEISSEN
Wand ziemlich lange die Notdurft verrichtet.
Der Mann habe einen Hut mit einem SILBERNEN

Abzeichen getragen, das an den Rändern SCHWARZ
gewesen sei, und habe in einem ROTEN
Haus den Hammer mit dem ROTEN
Griff geholt und sei sehr groß gewesen und habe ihn
mit ziemlich HELLEN
Augen FINSTER
angeschaut:

Aristoteles sagte, den Zustand des Raums um uns, wenn
wir mit offenen gesunden Augen keine Gegenstände er-
blickten, nennten wir FINSTERNIS,
und Goethe (sagte), wir sähen das einfache GRÜN einer
frisch gemähten Wiese mit Zufriedenheit, ob es gleich
nur eine unbedeutende Fläche sei, und ein Wald tue in ei-
niger Entfernung schon als große EINFÖRMIGE Masse
unserem Auge wohl:

Der Mann habe ihm versprochen, er gehe mit ihm auf
eine Wiese, um dort Maulwürfe zu fangen, und in den
Wald, um dort Hasen zu schießen: sagt das Kind.
Auf dem Weg in den Wald seien sie an einer
Dachrinne vorbeigekommen, unter der das Pflaster

SCHWARZ

gewesen sei,
und auf einer Wiese habe sich der Mann mit einem

GELBEN

Kamm, den er einer ebenso GELBEN
Plastikhülle entnommen habe,
die Haare hinter die Ohren gekämmt,
und am Waldrand habe ein Strauch mit ziemlich

SCHWARZEN

Knospen gestanden.
Im Wald habe es der Mann VIOLETTES
Wasser in einem Baumloch riechen lassen und ihm

unter einem Gebüsch, weil es schneite, BUNTE
Heiligenbilder gezeigt und sei mit ihm über einen

SCHWARZEN

Bach gesprungen und habe ihm im Dickicht eine

ROTE

Narbe am Bauch
und ein WEISSES
Stecktuch
und in einer Baumwurzel die Reste eines Vogels mit

GELBEM

Schnabel
und eine SCHIMMERNDE
Haarspange
und im Finstern eine LEUCHTENDE
Armbanduhr gezeigt
und habe ROTE
Sockenhalter getragen,
die das Kind gesehen habe,
sooft sich der Mann hinhockte und sich im SCHNEE
die FLECKIGEN
Finger abwusch:

Das Kind hat die Schuhe verloren. Es handelt sich um Halb-
schuhe Größe 28, SCHWARZ

Der Stadtrand	:	Der Rand der Stadt
Der Gletscherrand	:	Der Rand des Gletschers
Der Grabenrand	:	Der Rand des Grabens
Der Schmutzfleckrand	:	Der Rand des Schmutzflecks
Der Feldrand	:	Der Rand des Feldes
Der Wegrand	:	Der Rand des Weges

Der Trauerrand : Der Rand der Trauer

Eingeschlafen wache ich auf:
Ich schaue nicht auf die Gegenstände, und die Gegenstände
                                       schauen mich an;
Ich bewege mich nicht, und der Boden unter meinen Füßen
                                             bewegt mich;
Ich sehe mich nicht im Spiegel, und ich im Spiegel sehe mich
                                                   an;
Ich spreche nicht Wörter, und Wörter sprechen mich aus;
Ich gehe zum Fenster und werde geöffnet.

Aufgestanden liege ich da:
Ich schlage die Augen nicht auf, sondern die Augen
                                       schlagen mich auf;
Ich horche nicht auf die Geräusche, sondern die Geräusche
                                      horchen auf mich;
Ich schlucke das Wasser nicht, sondern das Wasser schluckt
                                            mich;
Ich greife nicht nach den Gegenständen, sondern die
                               Gegenstände greifen mich an;
Ich entledige mich nicht der Kleider, sondern die Kleider
                                entledigen sich meiner;
Ich rede mir nicht Wörter ein, sondern Wörter reden mich
                                       mir aus;
Ich gehe zur Tür, und die Klinke drückt mich nieder.
Die Rollbalken werden hinaufgelassen, und es wird Nacht,
und um nach Luft zu schnappen, tauche ich unters Wasser:

Ich trete auf den Steinboden und sinke knöcheltief ein;
Ich sitze auf dem Bock einer Kutsche und setze einen Fuß
                                       vor den andern;
Ich sehe eine Frau mit einem Sonnenschirm, und der
                               Nachtschweiß bricht mir aus;

Ich strecke den Arm in die Luft, und er fängt Feuer;
Ich greife nach einem Apfel und werde gebissen;
Ich gehe mit bloßen Füßen und spüre einen Stein im Schuh;
Ich reiße das Pflaster von der Wunde, und die Wunde ist im
                                                    Pflaster;
Ich kaufe eine Zeitung und werde überflogen;
Ich erschrecke jemanden zu Tode und kann nicht mehr
                                                    reden;
Ich stecke mir Watte in die Ohren und schreie;
Ich höre die Sirenen heulen, und der Fronleichnamszug
                                    führt an mir vorbei;
Ich spanne den Regenschirm auf, und der Boden brennt mir
                                    unter den Füßen;
Ich laufe ins Freie und werde verhaftet.

Über den Parkettboden stolpere ich,
mit weit offenem Mund führe ich Konversation,
mit den Handballen kratze ich,
mit der Trillerpfeife lache ich,
aus den Haarspitzen blute ich,
am Aufschlagen der Zeitung ersticke ich,
wohlriechende Speisen erbreche ich,
von der Zukunft erzähle ich,
zu Sachen rede ich,
mich durchschaue ich,
Tote töte ich.

Und die Spatzen sehe ich auf die Kanonen schießen;
und den Verzweifelten sehe ich glücklich sein;
und den Säugling sehe ich Wünsche haben;
und den Milchmann sehe ich am Abend:

: und der Briefträger? fragt nach Post;
und der Prediger? wird aufgerüttelt;
und das Erschießungskommando? stellt sich an die Wand;

und der Clown? wirft eine Granate unter die Zuschauer;
und der Mord? geschieht erst beim Lokalaugenschein.

Und der Leichenbestatter feuert seine Fußballmannschaft
an;
Und das Staatsoberhaupt verübt ein Attentat auf den
Bäckerlehrling;
Und der Feldherr wird nach einer Gasse benannt;
Und die Natur wird getreu nach einem Bild gemalt;
Und der Papst wird stehend ausgezählt –

und hör! Die Uhr geht außerhalb ihrer selbst!
Und schau! Die herabbrennenden Kerzen werden größer!
Und hör! Der Schrei wird geflüstert!
Und schau! Der Wind versteinert das Gras!
Und hör! Das Volkslied wird gebrüllt!
Und schau! Der erhobene Arm weist nach unten!
Und hör! Das Fragezeichen wird befohlen!
Und schau! Der Verhungerte ist fett!
Und riech! Der Schnee fault!

Und es neigt sich der Morgen,
und auf einem Bein steht der Tisch,
und im Schneidersitz sitzt der Flüchtling,
und im obersten Stockwerk befindet sich die Haltestelle der
Straßenbahn:

Horch! Es ist totenstill!   Es ist Hauptgeschäftszeit!

Aufgewacht bin ich eingeschlafen
und flüchte mich aus dem unerträglichen Traum in die sanfte
Wirklichkeit
und summe fröhlich Zeter und Mordio –
horch, wie mir das Wasser im Mund zusammenrinnt:
ich sehe eine Leiche!

Alles ist in Ordnung.
Sie geht die Straße hinunter.
Fühlst du dich wohl?
Ich möchte nach Hause gehen.

Komm näher!
Ich werde nach Hause gehen.
Alles ist in Ordnung.
Sie ist die Straße hinuntergegangen.

Ich fühl mich wohl.
Ich gehe nach Hause.
Lauf nicht davon!
Sie geht die Straße hinunter.

Früh am Morgen –
Ich geh nach Hause.
Sie ist die Straße hinuntergegangen.
Ich fühl mich besser.

Hier kommt sie!
Beeil dich!
Nimm mich nach Hause!

Früh am Morgen –
Komm näher!
Um Mitternacht –

Ich kann es spüren.
Lauf nicht davon!
Ich geh nach Hause.

Komm näher!
Wir sind zu Hause.
Spürst du's?

Um Mitternacht –
Komm!

Komm her.
Beeil dich!

Früh am Morgen –
Um Mitternacht!

Spürst du's?
Beeil dich!

Ich versuch es.
Um Mitternacht –

Spürst du's?
Hier kommt es.
Komm näher!
Ich versuch es!
Spürst du's?
Beeil dich!

Ich versuch es!
Spürst du's?
Ich versuch es!
Spürst du's?
Spürst du's?

O ja.

Abstraktion von dem Ball, der in den Fluß
gefallen ist

Als Kinder saßen wir am Sonntagnachmittag oft am Ufer
des Flusses und schauten dort, an der Feldmitte, dem Fuß-
ballspiel zu. Sooft der Ball an unserer Stelle ins Wasser fiel,
liefen wir den Fluß entlang, um mit langen Stangen den Ball
aus dem Wasser zu fischen. Wir konnten uns dabei Zeit las-
sen, weil jedesmal, wenn der Ball ins Wasser fiel, vom Spiel-
feldrand sogleich ein Reserveball aufs Spielfeld geworfen
wurde. Wir liefen so schnell wie der Ball vom Fluß getragen
wurde, bis wir ihn jedesmal, kurz vor der Wehrmauer, her-
ausfischten. Der Fluß war in der Regel so ruhig, daß wir
meistens neben dem Ball hergehen konnten. Als aber ein-
mal Hochwasser war, mußten wir laufen.

Am Rand eines Fußballplatzes, der an einem Fluß liegt,
pflegt sich eine Anzahl von Kindern einen Spaß daraus zu
machen, jedesmal, wenn der Ball im Verlauf des Spiels ins
Wasser fällt, von der Höhe der Spielfeldmitte aus gerade bis
zum Spielfeldende neben dem Ball herzulaufen, um ihn
dort erst aus dem Wasser zu holen. Als der Fluß einmal
Hochwasser führt, müssen die Kinder sehr schnell laufen.

Kinder gehen jedesmal neben dem Ball her, wenn dieser auf
der Höhe der Mittellinie eines Fußballfeldes in einen Fluß
fällt. Erst am Ende des Fußballfeldes fischen sie den Ball aus
dem Wasser. Bei Hochwasser laufen die Kinder sehr
schnell.

Personen gehen von der Mittellinie eines Fußballfelds bis
zum Ende des Fußballfelds neben einem Gegenstand her,
der im Fluß am Rand des Spielfelds treibt. Als sie gerade am
Ende des Fußballfelds angelangt sind, pfeift der Schieds-

richter zur Halbzeit. Bei Hochwasser, als die Personen laufen müssen, machen sie auf der Höhe des Gegenstands am Spielfeldende kurz vor dem Halbzeitpfiff Halt.

Jemand geht am Rand eines Fußballplatzes neben einem Gegenstand her, der in den Fluß gefallen ist. Er setzt sich 30 Sekunden vor der letzten Minute der Halbzeit von der Spielfeldmitte aus in Bewegung. Als er, genau auf der Höhe des Gegenstands, das Spielfeldende erreicht hat, pfeift der Schiedsrichter zur Halbzeit. Bei Hochwasser erreicht er das Spielfeldende, nachdem er sich zugleich mit dem Gegenstand 10 Sekunden vor dem Halbzeitpfiff des Schiedsrichters in Bewegung gesetzt hat, zugleich mit dem Gegenstand 1 Sekunde vor dem Abpfiff.

Jemand benötigt, um die Hälfte der Länge eines Spielfelds (Spielfeldlänge = 90 Meter) zurückzulegen, 1 Minute und 30 Sekunden. Als er laufen muß, benötigt er für dieselbe Strecke nur 9 Sekunden.

Jemand benötigt für 45 Meter 90 Sekunden. Laufend benötigt er 9 Sekunden.

90 sec ——— 45 m
 1 sec ——— Geschwindigkeit x m

 9 sec ——— 45 m
 1 sec ——— Geschwindigkeit y m

$$90 x = 45$$
$$9 y = 45$$
$$x = \frac{45}{90}$$
$$x = \frac{45}{9}$$

$$x = \frac{1}{2}$$
$$y = 5$$

Als Kinder gingen wir am Sonntagnachmittag mit einer Geschwindigkeit von einem halben Meter in der Sekunde neben dem Ball her, wenn dieser vom Spielfeld in den Fluß geschossen wurde. Aber als einmal Hochwasser war, mußten wir mit einer Geschwindigkeit von fünf Metern in der Sekunde neben dem Ball herlaufen, um ihn herauszufischen, bevor er über die Wehrmauer fiel.

Mit dem Wort ICH fangen schon die Schwierigkeiten an.

Mehrere Herren
haben schon vor geraumer Zeit einige Flaschen Sekt
                                                    bestellt;
ein Reisender
kehrt aus dem Speisewagen zum Abteil zurück;
die Hundertmeterläufer
versammeln sich nach dem Fehlstart wieder vor den
                                                    Startlöchern;
und der Kriegsversehrte
locht in der Bahnhofssperre die Fahrkarten:

Wo bleibt UNSER Sekt? rufen die Herren dem Kellner zu,
        der ohne *ihren* Sekt an den Herren vorbeieilt;
das ist MEIN Platz! ruft der Reisende dem anderen Reisen-
        den zu, der sich auf *seinem* Platz breitgemacht hat;
verzieh dich aus MEINEM Startloch! ruft der Hundert-
meterläufer dem andern Hundertmeterläufer zu, der mit
der Schuhspitze das Startloch des ersten Hundertmeter-
                                                    läufers erweitert;
ich lasse mir MEINEN Stolz nicht rauben! ruft der Kriegs-
versehrte dem Betrunkenen zu, der ihm, indem er sich über
die Arbeit in der Bahnhofssperre lustig macht, *seinen* Stolz
                                                    rauben will:

MEIN:
der Machtspruch des Herrschers über SEINE Untertanen
die Dankadresse der Untertanen an IHREN Herrscher
die Anklagemöglichkeit des Beraubten
die Verteidigungsmöglichkeit des Räubers
die Hilfsmöglichkeit des seiner selbst nicht mehr Bewußten

die Bestätigungsmöglichkeit des Selbstbewußten:

Das war MEINE Stunde! schreibt der Staatsmann in seinen
Erinnerungen;
das ist MEIN Bild! ruft verwundert der zum ersten Mal
Abgebildete;
MEIN Patient hat flüssige Nahrung zu sich nehmen können!
ist die Auskunft des Arztes, als für den Kranken wieder
Hoffnung besteht;
das ist MEIN Berg! notiert der Erstbesteiger ins Tagebuch,
nachdem er den Wimpel seines Landes in den Schnee auf
dem Gipfel gesteckt hat;
wo ist MEIN Japaner? erkundigt sich der Gastgeber einer
Abendgesellschaft, zu der auch ein Japaner gehört:

MEIN:
der Anspruch der Größeren auf das Kleinere, Vertraute
aber auch die Beschwörung der Kleineren
für das nicht Geheure, nicht Vertraute
damit das Nichtgeheure vertraut wird:

MEINE Welt und
MEINE Angelegenheiten und
MEIN Inneres und
MEINE Erinnerung:

Als eine Möglichkeit sich zu behaupten
aber auch als eine Möglichkeit sich zu fügen:

MEIN Wellensittich (die Frau nach dem Unglück das ihr
sonst alles genommen hat)
MEIN Land (der Grundbesitzer am Morgen)
MEIN Schuhputzer (der Schriftsteller Willy Haas an Hugo
v. Hofmannsthal)
MEIN Staat (der Grundbesitzer am Abend):

MEIN
gebraucht der Kommissar für den Mord, den er aufklärt
aber nicht für den Mord an sich selber;
gebraucht der Häftling für seine Zelle
aber nicht für das ganze Gefängnis;
gebraucht der Fluggast für seinen Fensterplatz
aber nicht wenn die Maschine schon abstürzt;
gebraucht der Arbeiter für sein Produkt
aber nicht vor dem Dienstherrn;
gebraucht der Untersuchte für sein Röntgenbild
aber nur wenn es zeigt daß er gesund ist;
MEIN
sagt das Kind für sein Spielzeug
aber nicht für sich selber:
MEINE Lebensmüden! sagt die Pflegerin des
                              Lebensmüdenheims;
MEINE Küche! sagt die verheiratete Frau;
MEIN Außenminister! sagt der Regierungschef;
MEIN Gott! sagt der Erschreckte:

und wir sprechen und hören von
UNSERER Wirklichkeit
sowie von
MEINEM Lieblingsgericht
und auch von
UNSEREM Goldvorrat
und auch von
MEINEM Hochzeitsbild
und nicht zuletzt von
UNSEREN damals schuldlos Verurteilten:

aber niemand spricht und hört von
UNSERER berittenen Polizei oder
UNSEREN Hungerbäuchen und
UNSEREN Jüngsten Tagen oder

UNSEREN Schüssen in einen mit Wasser gefüllten Mund
und
UNSEREN Kothaufen oder
UNSEREN Sägespänen für Geköpfte und
UNSEREN betrunkenen Kutschern unter den Kirchen-
treppen oder
UNSEREN Selbstmorddunkelziffern –

zu schweigen
von den Fällen
bei denen es sich nicht *lohnt*
von MEIN und UNSER zu sprechen:
zum Beispiel von
MEINEM wurmstichigen Apfel
zum Beispiel von
UNSERER zerbrochenen Glühbirne
zum Beispiel von
MEINEM naßgewordenen Streichholz –

zu schweigen auch
von dem Fall
des Vaters
der vor der Leiche seines von den Zwillingsreifen eines
Lastwagens verstümmelten Kindes sagt:
das ist NICHT meine Tochter
das ist NICHT meine Tochter –

zu schweigen auch
von dem Fall
des Verrückten
der unentwegt ausruft:
das ist NICHT meine Stimme
das ist NICHT meine Stimme –

und auch

von dem Fall
des steckbrieflich Gesuchten
der vor dem Bild auf dem Steckbrief beteuert:
das bin nicht ICH
das bin nicht ICH

zu schweigen

LESEN UND SCHREIBEN

> **BERCHTESGADEN** — Um einen besonders schönen Blick auf Sankt Bartholomä zu haben, stieg am Sonntag eine 22jährige Sekretärin aus Paris zusammen mit ihrem Ehemann auf die Falkensteiner Wand am Königssee.

»Um einen besonders schönen Blick auf Sankt Bartholomä zu haben, stieg am Sonntag eine 22jährige Sekretärin aus Paris zusammen mit ihrem Ehemann auf die Falkensteiner Wand am Königssee.«

UND LESEN

Solange ich noch allein bin, bin ich noch ich allein.
Solange ich noch unter Bekannten bin, bin ich noch ein
Bekannter.
   Sobald ich aber unter Unbekannte komme –

Sobald ich auf die Straße trete – tritt ein Fußgänger auf die
Straße.
Sobald ich in die Straßenbahn einsteige – steigt ein Fahrgast
in die Straßenbahn.
Sobald ich das Juweliergeschäft betrete – betritt ein Herr
das Juweliergeschäft.
Sobald ich den Einkaufswagen durch den Selbstbedie-
nungsladen schiebe – schiebt ein Kunde den Einkaufs-
wagen durch den Selbstbedienungsladen.
Sobald ich das Warenhaus betrete – betritt ein Kauflustiger
das Warenhaus.

Dann gehe ich an Kindern vorbei – und die Kinder sehen ei-
nen Erwachsenen, der an ihnen vorbeigeht. Dann betrete
ich die Sperrzone – und die Wächter sehen einen Unbefug-
ten, der die Sperrzone betritt. Dann sehe ich in der Sperr-
zone die Kinder vor mir davonlaufen – und ich werde ein
Wächter, vor dem die Kinder davonlaufen, weil sie in der
Sperrzone Unbefugte sind.

Dann sitze ich in den Vorzimmern als Antragsteller.
Dann schreibe ich meinen Namen auf die Rückseite des
Briefes als Absender.
Dann fülle ich den Gutschein aus als ein vom Glück
Begünstigter.

Sobald ich dann nach dem »Schwarzen Weg« gefragt werde
– werde ich ein Ortskundiger.
Sobald ich dann das Unglaubliche sehe – werde ich ein
Zeuge.
Sobald ich dann die Kirche betrete – werde ich ein Laie.
Sobald ich dann bei dem Unfall nicht weitergehe – werde
ich ein Neugieriger.
Sobald ich dann den »Schwarzen Weg« nicht kenne – bin
ich wieder einer, der den »Schwarzen Weg« nicht kennt.

Kaum nehme ich dann die Mahlzeit ein – schon kann ich
sagen: Wir Verbraucher!
Kaum wird mir dann etwas gestohlen – schon kann ich
sagen: Wir Eigentümer!
Kaum gebe ich dann die Todesanzeige auf – schon kann
ich sagen: Wir Leidtragenden!
Kaum betrachte ich dann das Weltall – schon kann ich
sagen: Wir Menschen!

Ich lese den Roman in der Illustrierten – und werde Einer
unter Millionen.
Ich erfülle die Pflichten der Obrigkeit gegenüber nicht –
und schon bin ich ein Staatsbürger.
Ich laufe bei dem Auflauf nicht davon – und schon bin ich
ein Aufrührer.
Ich schaue von dem Roman auf und betrachte die Schönheit
mir gegenüber – und wir werden Zwei unter Millionen.

Dann steigt jemand aus dem fahrenden Zug nicht aus –
jemand? – Ein Reisender.
Dann spricht jemand ohne Akzent – jemand? –
Ein Inländer.
Dann hat jemand ein Gegenüber – und wird ein Gegenüber.
Dann spielt jemand nicht mehr nur mit sich selber –
und wird ein Gegner.

Dann wird jemand in einer Stube der Stubenälteste.
Dann kriecht jemand aus einem Gebüsch im Park und wird
ein verdächtiges Subjekt.
Dann wird aus jemandem, über den gesprochen wird, ein
Gesprächsgegenstand.
Dann wird jemand auf einem Foto erkannt – und wird ein
X.
Dann ergeht sich jemand auf dem freien Land – jemand?
Ein Wanderer.

Als dann plötzlich vor mir ein Auto bremst – bin ich ein
Hindernis.
Dann werde ich im Dunkeln von einer Gestalt gesehen –
und werde eine Gestalt im Dunkeln.
Als ich dann durch den Feldstecher beobachtet werde – bin
ich ein Objekt.
Dann stolpert man über mich – und ich werde ein Körper.
Als man dann auf mich tritt – bin ich etwas Weiches.
Dann werde ich in etwas eingehüllt – und werde ein Inhalt.

Dann erkennt man, daß hier ein Barfüßiger über den Feld-
weg gelaufen ist und daß ein Rechtshänder den Schuß ab-
gefeuert haben muß und daß einer mit der Blutgruppe o
hier gelegen hat und daß ich, nach der Schäbigkeit des Aus-
sehens zu schließen, ein Ausländer sein muß.

Sobald man mich dann anruft – bleibt der Angerufene auf
Anruf nicht stehen.
Sobald ich dann weit genug weg von den Beobachtern bin –
ist das Objekt nur noch ein Punkt.
Sobald dann ich als Beobachter einen anrufe – bin ich für
den Angerufenen ein ganz schöner Schrecken.

Dann, endlich, treffe ich einen Bekannten – und zwei
Bekannte treffen einander.

Dann, endlich, werde ich alleingelassen – und einer bleibt
allein zurück.
Dann, endlich, bin ich allein – und einer ist mit sich allein.
Dann, schließlich, setze ich mich zu einem ins Gras – und
bin endlich ein andrer.

Es ist nicht von vornherein ganz auszuschließen,
daß der Parkwächter gleich unglücklich sein kann
wie der Schlagersänger
der Volksschullehrer
und der Machthaber:
aber es ist die Regel,
daß der Schlagersänger unglücklicher ist als der Parkwäch-
ter und der Volksschullehrer unglücklicher als der
                                        Schlagersänger –
und die Wahrscheinlichkeit,
daß der Machthaber der unglückseligste von allen ist,
grenzt in der Regel schon an Gewißheit.

Ebenso
ist es nicht ganz von der Hand zu weisen,
daß das Sonntagshemd des Landarbeiters gleich kurze
                                        Ärmel haben kann
wie das Alltagshemd des Sheriffs aus Mississippi
das Freizeithemd des rhodesischen Bürgers
und das Feierabendhemd des Lynchmörders:
aber es scheint sicher,
daß das Alltagshemd des Sheriffs kürzere Ärmel hat als das
                                        Sonntagshemd des Landarbeiters
und daß das Freizeithemd des rhodesischen Bürgers
        kürzere Ärmel hat als das Alltagshemd des Sheriffs –
und es ist unbestritten,
daß das Feierabendhemd des Lynchmörders die kürzesten
                                        Ärmel von allen hat.

Und ebenso
kann die Farbe des Briefkastens am Postamt gleich gelb sein
wie die Farbe des Briefkastens an der Milchsammelstelle

die Farbe des Briefkastens an der Landstraße am Sonntag-
nachmittag
und die Farbe des Briefkastens im Hitchcockfilm:
aber
in neunhundertneunundneunzig von tausend Fällen
ist der Briefkasten an der Milchsammelstelle gelber als der
Briefkasten am Postamt
und der Briefkasten an der Landstraße am Sonntagnachmit-
tag gelber als der Briefkasten an der Milchsammelstelle –
und in tausend von tausend Fällen hat der Briefkasten im
Hitchcockfilm das schreiendste Gelb von allen.

Und schließlich
können die Fremdenführer ohne Frage einen guten Willen
haben
aber
die Fußballordner haben ohne Frage einen besseren Willen
als die Fremdenführer
und die Tarifpartner haben den besseren Willen als die
Fremdenführer
und die reuigen Sünder haben trotz allem einen besseren
Willen als die Tarifpartner
und jeder Tote hatte zumindest den besseren Willen als
jeder reuige Sünder –
aber der die Macht zu wollen hat, hat fraglos den besten
Willen von allen.

1.
Jeder Staatsbürger hat das Recht –
Beifall
seine Persönlichkeit frei zu entfalten –
Beifall
insbesondere hat er das Recht auf:
Arbeit –
Beifall
Freizeit –
Beifall
Freizügigkeit –
Beifall
Bildung –
Beifall
Versammlung –
Beifall
sowie auf Unantastbarkeit der Person –
starker Beifall.

2.
Jeder Staatsbürger hat das Recht –
Beifall
im Rahmen der Gesetze seine Persönlichkeit frei zu
entfalten –
Rufe: Hört! Hört!
insbesondere hat er das Recht auf:
Arbeit entsprechend den gesellschaftlichen Erfordernissen –
Unruhe, Beifall
auf Freizeit nach Maßgabe seiner gesellschaftlich
notwendigen Arbeitskraft –
Zischen, Beifall, amüsiertes Lachen, Unruhe
auf Freizügigkeit, ausgenommen die Fälle, in denen eine
ausreichende Lebensgrundlage nicht vorhanden ist und der

Allgemeinheit daraus besondere Lasten entstehen würden –
schwacher Beifall, höhnisches Lachen, Scharren, Unruhe
auf Bildung soweit die ökonomischen Verhältnisse sie
                    sowohl zulassen als auch nötig machen –
starke Unruhe, Murren, unverständliche Zwischenrufe,
                    Türenschlagen, höhnischer Beifall
auf Versammlung nach Maßgabe der Unterstützung der
          Interessen der Mitglieder der Allgemeinheit –
Pultdeckelschlagen, Pfeifen, allgemeine Unruhe, Lärm,
vereinzelte Bravorufe, Protestklatschen, Rufe wie: Endlich!
oder: Das hat uns noch gefehlt!, Trampeln, Gebrüll, Platzen
                              von Papiertüten
sowie auf Unantastbarkeit der Person –
Unruhe und höhnischer Beifall.

3.
Jeder Staatsbürger hat das Recht,
im Rahmen der Gesetze und der guten Sitten seine
                    Persönlichkeit frei zu entfalten,
insbesondere hat er das Recht auf Arbeit entsprechend den
wirtschaftlichen und sittlichen Grundsätzen der
                                        Allgemeinheit –
das Recht auf Freizeit nach Maßgabe der allgemeinen wirt-
schaftlichen Erfordernisse und den Möglichkeiten eines
          durchschnittlich leistungsfähigen Bürgers –
das Recht auf Freizügigkeit, ausgenommen die Fälle, in de-
nen eine ausreichende Lebensgrundlage nicht vorhanden ist
und der Allgemeinheit dadurch besondere Lasten entstehen
würden oder aber zur Abwehr einer drohenden Gefahr für
den Bestand der Allgemeinheit oder zum Schutz vor sitt-
licher und leistungsabträglicher Verwahrlosung oder zur
Erhaltung eines geordneten Ehe- Familien- und
                              Gemeinschaftslebens –
das Recht auf Bildung, soweit sie für den wirtschaftlich-
sittlichen Fortschritt der Allgemeinheit sowohl zuträglich

als auch erforderlich ist und soweit sie nicht Gefahr läuft, den Bestand der Allgemeinheit in ihren Grundlagen und Zielsetzungen zu gefährden –
das Recht auf Versammlung nach Maßgabe sowohl der Festigung als auch des Nutzens der Allgemeinheit und unter Berücksichtigung von Seuchengefahr, Brandgefahr und drohenden Naturkatastrophen –
sowie das Recht auf Unantastbarkeit der Person:
Allgemeiner stürmischer, nichtendenwollender Beifall.

Die Aufstellung des 1. FC Nürnberg
vom 27. 1. 1968

WABRA

LEUPOLD   POPP

LUDWIG MÜLLER   WENAUER   BLANKENBURG

STAREK   STREHL   BRUNGS   HEINZ MÜLLER   VOLKERT

Spielbeginn:
15 Uhr

Die Kajüte des Kapitäns, so beschreibt Joseph Conrad, hat die Form eines **L**, so daß jemand, der überraschend zur Tür, die sich an dem kürzeren Balken des **L** befindet, hereinkommt, den Flüchtling, den der Kapitän, obwohl jener einen Mann totgeschlagen hat, bei sich verborgen hält, nicht sogleich in der Kajüte erblicken kann, weil sich der Flüchtling im längeren Balken des **L** befindet.

Der Flüchtling, der schwimmend einige Seemeilen hat zurücklegen müssen, um auf das Schiff zu gelangen, ist von der Mühe dermaßen erschöpft, daß seine Füße, nachdem er, auf dem Rücken liegend, in der Koje eingeschlafen ist, ein ziemlich weitschenkeliges **V** bilden.

Dem Kapitän, der, im Schein der Kajütenlampe, in ein Buch vertieft ist, scheint, als er einmal vom Buch aufschaut und den erschöpft schlafenden Flüchtling betrachtet, dieser Zustand der Erschöpfung, ohne daß er sich diese Verwandlung eines Zustandes in einen Buchstaben erklären könnte, immer mehr die Form eines großen umgestürzten, liegenden **W** anzunehmen.

Als der Kapitän, mit dem Kopf seine Vorstellung abschüttelnd, sich wieder seiner Lektüre zuwendet, erblickt er am Anfang des neuen Kapitels zu seiner Verwunderung einen dick mit Salz verkrusteten Schiffbrüchigen, der lauthals um Hilfe ruft und sich erst auf den zweiten Blick des Kapitäns als ein großes verschnörkeltes **A** erweist.

Der Kapitän, indem er weiterliest, muß seine ganze Vernunft aufbringen, um den Schiffspapagei, der ihm, kreischend und krächzend, leibhaftig vom Buch herauf in die Augen springt, für ein **X** zu halten.

Als aber jetzt, noch im Lärm des Papageis, der durch die, wie es dem Kapitän vorkommt, **I**-förmige Stille draußen auf dem Meer verrückt geworden scheint, der Steward, auf dem senkrecht über den Kopf gestreckten Arm ein Tablett, das mit dem Unterarm ein großes **T** bildet und von Gläsern klirrt, an die Tür der Kapitänskajüte klopft und fast zugleich auch schon eintritt, verwirrt sich der Kapitän, der gerade noch den Vorhang zur Koje zuziehen kann, derart, daß er den Steward, welcher soeben am Schnittpunkt des kurzen Balkens des **L** mit dem langen Balken des **L** mit ausgestrecktem Arm sichtbar wird, als ein großes  liest und, statt den Papagei zu beruhigen und den Steward näherzuwinken, in seiner Not das Buch zuschlägt, worauf die Kajüte endlich wieder eindeutig wird.

Ich bin N. N.

alias
Eric Stavro Blofeld

alias
Peter Lee Lawrence

alias
Jeff Costello

alias
John Philip Law:

Ich habe

ihn

die fragliche Person

na, den Betreffenden

na, den, um den es sich handelt

– mir fällt der Name nicht ein –

na, Sie wissen schon, wen ich meine

nur von weitem auf den Balkon treten sehen;

anders gesagt:
nie gehaßt;

mit anderen Worten:
schon beim Aufwachen lachen hören;

mit anderen Worten:
beim Elfmeter hinter dem Tor den Tormann verspotten
hören;

anders gesagt:
erschießen *müssen*.

»Ja, das ist das richtige Wort.«

Danach ist, wie sagt man: die Milch? ja, die Milch, wie soll
ich sagen: sauer? ja, sauer geworden.

»Ist das da auf dem Flugfeld, mit dem aufgerissenen
                              Maul, ein Hai?« –
– »Nein, es ist die offene Einstiegsluke des Flugzeugs.«
»Liegt da im Obstgarten nicht ein Haufen von
                              Handgranaten?«
– »Nein, was da im Obstgarten liegt, ist ein Haufen von
                              schwarzen, verfaulten Äpfeln.«
»Schau, in die Briefmarke schlägt ein Blitz ein!«
»Nein, das ist nur ein Teil des Sonderstempels.«

Ich sehe am Bein der Frau eine ätzende Säure herunter-
rinnen, die sich aber dann als eine gerade laufende Masche
                              erweist.
Ich sehe die Hand des Großvaters ein Kartenspiel auf-
fächern, das sich aber dann als eine sich gerade zusammen-
                              setzende Leuchtschrift erweist.
Ich sehe auf der heißen Herdplatte eine Ameise verschrum-
peln, die sich aber dann als zwei Raufbolde auf der Straße,
                              die sich ineinander verbeißen, erweist.

»Schau, da, auf dem Bett, zwei tote Ratten!«
– »Nein, das sind nur deine verknäuelten Socken.«

»Darf ich darin mein Brot einwickeln?«
– »Aber das ist doch der Schnee.«
»Hallo, da muß eine Störung in der Leitung sein!«
– »Nein, es keucht nur jemand im Telefon.«
»Der Dachdecker stürzt ab!«
– »Das ist nur ein Schmutzfleck am Fenster.«

Am Haufen von Stacheldraht will ich Brombeeren essen;
mit dem Telegrafenmast will ich mir in den Zähnen
                              stochern;

dem aufgehenden Mond komme ich mit einer
Nagelschere.

»Schau, da, im Straßengraben, das umgekippte Auto!«
– »Nein, das sind nur weggeworfene Schuhe.«
»Oh, ist mir auf einmal heiß geworden!«
– »Nein, du bist nur erschrocken.«
»Hör auf, mich von hinten anzurempeln!«
– »Nein, das war nur ein Schrei.«
»Beinahe wäre ich jetzt an diesem Bissen erstickt!«
– »Nein, du hast dich nur über etwas gefreut.«

Das Knacken des Schranks halte ich für das Entsichern
einer Waffe.
Die kalte Türklinke halte ich für einen Schlag ins Genick.
Das Schwalbennest halte ich für einen auf die Straße
geworfenen Blumentopf.

»Was bedeutet dieses große A dort auf der
Schaufensterscheibe? »
– »Du schreist nur vor Schmerzen.«
»Warum schleift man den Hingerichteten über den
Gehsteig?«
– »Es ist dir nur das Schuhband aufgegangen.«
»Schau, der Iltis hat das Ei leergesaugt!«
– »Nur das Polster ist eingedrückt.«
»Wer atmet denn da im Zimmer nebenan?«
– »Es ist nur Abend geworden.«

Der Abschied ist für mich das Weggleiten des Schiffes bei
der Schiffstaufe;
der Polterabend ist für mich eine schlecht geklebte Tapete;
das Ausatmen ist für mich ein Laufen vom Wald auf den
Acker.
»Hör, wie im Bad der Haartrockner saust!«

– »Nein, das ist der Feuersturm.«
»Kann man die Wespe nicht endlich zerdrücken?«
– »Am Fensterrahmen ist ein Holzspan locker, und der sirrt
so, weil draußen der Wind geht.«
»Ich komme mir vor wie ein aufgelegter Telefonhörer.«
– »Du bist nur erschöpft.«
»Ich wäre jetzt gern zu einer Hochzeit auf dem Land.«
– »Du bist nur mordlustig.«
»Ich möchte mit einer Nadel ins Wasser stechen.«
– »Es ist ja Sonntagvormittag.«
Das Unbehagen ist der Mantel auf den Knien im Kino;
die bevorstehende Schlacht ist ein leeres Steckkissen;
das Kreischen der Katze ist ein Quietschen der
Vorhangspangen.

»Ich habe plötzlich den Fuß auf dem Bremspedal – nein,
ich erwache.«
»Ich rutsche im Kot aus – nein, ich umarme dich.«
»Ich setze mich neben den Stuhl – nein, das war nur ein
Windstoß.«

»Plötzlich werde ich im Finstern angeblasen – vielmehr,
ich weiß nicht mehr aus noch ein – das heißt, ich werde
im Finstern angeblasen – ja, ich weiß weder aus noch
ein.«

Ein einziger Arm ist im Klassenzimmer erhoben – ja, das ist
die Scham – ja, ich als einziger im Klassenzimmer hebe den
Arm – ja, ich schäme mich.

Wie
  Wie

        ein

    Wie

        der Brunnenmacher

    Wie

        das Schild GÖSSER BIER im Horrorfilm:

Wie
  Wie

        ein

    Wie

        die Hausbewohner, die in der Kirche sind, als
        das Flugzeug aufs Haus stürzt wie
        der Spalt im Stroh, in dem der Flüchtige, nach-
        dem er sich in die Scheune verkrochen hatte,
        eingesunken: dann eingebrochen: dann erstickt
        ist wie
        die Zugfenster, die, nachdem sie, als der Zug
        auf offener Strecke anhielt, heruntergeschoben
        worden sind, jetzt, als der Zug wieder anfährt,
        nach und nach wieder hinaufgeschoben wer-
        den:

Wie
  Wie

        man

    Wie

        wenn man im Sturm weit weg ein Kind über die
        Straße laufen sieht
        und zugleich im Hotelzimmer nebenan das
        Flüstern eines Mannes und dann das Lachen

der Frau hört
und zugleich Leimrinnsale von frischgeklebten
Plakaten auf den Gehsteig tropfen sieht
und zugleich sieht, wie jemand allein am Tisch
sitzen bleibt, während seine Begleiterin, um
sich frisch zu machen, hinausgeht
und zugleich den Angeklagten das Gesicht in
die Hand verstecken sieht:

Wie
  Wie
    wenn

     Wie wenn man in der Eisernen Jungfrau
                    einatmen möchte
     und dann aufwacht und sieht die Wände
                      schwitzen
     und dann den Lidstrich trocknen sieht
     und sieht dann eine Schwangere am
                  Brückengeländer:

     wie das Fett auf dem Boden des Grillautomaten
     wie Milch in den Straßenbahnschienen
     wie das Augenzwinkern des Fernsehkochs
     wie der Schatten des Kameramanns
     wie die Innenstadt
     wie das große G
     wie:
»wie vor der Gewalt des Feuers ein Schwarm von Heu-
schrecken ins Wasser klatscht und der Himmel von dem
Geschrei der Kraniche tönt und das Getreide zermalmt
wird vom Trott der brüllenden Rinder und vor dem un-
geheuren Delphin fliehend die anderen Fische in den
Buchten sich tummeln und die Schafe des reichen Man-
nes, ohne Unterlaß blökend, zahllos in der Hürde die Ei-
mer mit schäumender Milch anfüllen und der Mann, der

die Schlange erblickte, voll Entsetzen zurückfährt und
die unzählbaren Scharen der Fliegen, wenn die Milch
von der Butter herabtrieft, rastlos das Gehege der länd-
lichen Hirten im luftigen Frühling durchschwärmen
und die Zikaden, die auf den Bäumen sitzen, von ihren
hellen Stimmen die Wälder erschwirren lassen«:
Wie:
  Wie
      5
   Wie
       4
    Wie
        3
    Wie
        2
     Wie
       1:

Wie wenn man ein Tuch über den Käfig wirft, um die
schreienden Vögel zum Schweigen zu bringen

Auf einer Bank im Park sitzt ein Türke mit dick
                                verbundenem Finger:
ich sitze auf einer Bank im Park neben einem Türken mit
                        dick verbundenem Finger:
wir sitzen auf einer Bank im Park, ich und ein Türke mit
                        dick verbundenem Finger:
Ein Türke mit dick verbundenem Finger sitzt mit mir auf
                                einer Bank im Park.

Wir sitzen auf einer Bank im Park und schauen hinaus auf
den Teich, und ich sehe im Teich etwas schwimmen, und der
Türke schaut hinaus auf den Teich:

Wir schauen hinaus auf den Teich, und ich sehe im Teich ei-
nen Gegenstand schwimmen, und der Türke schaut hinaus
auf den Teich:

Wir schauen hinaus auf den Teich, und ich sehe im Teich,
von den schwimmenden Enten bewegt, ein Grasbüschel
schwimmen und auf das Ufer zu schwimmen, und der
Türke schaut hinaus auf den Teich:

Wir schauen hinaus auf den Teich, und ich sehe ein Grasbü-
schel, das, von schwimmenden Enten bewegt, auf das Ufer
zuschwimmt, von entgegenschwimmenden Enten bewegt,
vom Ufer wegschwimmen, und der Türke schaut hinaus auf
den Teich:

Wir schauen hinaus auf den Teich, und ich sehe ein Grasbü-
schel, das, von schwimmenden Enten bewegt, daran war,
ans Ufer geschwemmt zu werden, und dann, von entgegen-

schwimmenden Enten bewegt, daran war, zurück in die Mitte des Teiches geschwemmt zu werden, jetzt, von anderen, kreuzenden Enten bewegt, sich nur noch auf der Stelle bewegen, und der Türke schaut hinaus auf den Teich:

Wir schauen hinaus auf den Teich, und ich sehe einen Gegenstand, den ich für ein Grasbüschel gehalten habe, oder etwas, das ich für einen Gegenstand gehalten habe, von dem ich glaubte, daß er ein Grasbüschel sei, nachdem er sich auf der Stelle bewegt hat, plötzlich untergehen, und auch ich höre auf, den Kopf mit dem Gegenstand mit auf der Stelle zu bewegen: das heißt, ich schrecke auf: oder: ich schrecke auf, das heißt, ich höre auf, den Kopf mit dem Gegenstand mit auf der Stelle zu bewegen, und bewege mich nicht mehr, und der Türke schaut hinaus auf den Teich:

Wir schauen hinaus auf den Teich, und ich sehe eine Ente auftauchen, die ein Grasbüschel im Schnabel hat, und ich bin müde vom Schauen und zufrieden, und der Türke schaut hinaus auf den Teich:

Wir schauen hinaus auf den Teich, und ich erinnere mich, ohne etwas zu sehen, an den Sportreporter, der vom Tod redete, und der Türke schaut hinaus auf den Teich.

Ein Türke und ich, wir sitzen im Park auf einer Bank und schauen hinaus auf den Teich:
ich sitze im Park auf einer Bank bei einem Türken mit dick verbundenem Finger:
ich sitze auf einer Bank im Park neben einem Türken mit dick verbundenem Finger:
im Park sitzt plötzlich neben mir auf der Bank ein Türke mit einem dick verbundenen Finger, den er von den anderen wegstreckt:

im Park auf einer Bank sitzt ein Türke mit neun heilen
                              Fingern, die er an sich drückt:
auf einer Bank im Park sitzt ein Türke mit dick verbunde-
nem Finger und schaut hinaus auf den Teich.

Ah!
Unter dem Stroh im Stall liegt Frankensteins Monster.
In Carlsbrunn wohnt ein Doktor namens Stein.
Frankensteins Tochter fährt in der Kutsche zur Kur nach
Insbad (oder nach Inzbad).
Die Burschen im Dorf heißen Fritz, Karl, Otto und Hans.
Im Stall über dem Stroh hängt ein ziemlich schwarzer
Reifen aus Holz.
Der Pförtner ist das erste Opfer des Monsters, das zweite
Opfer heißt Gerda.
Im Stall unterm Stroh liegt Frankenstein, Frankensteins
Monster.

Im Herrschaftshaus spielt das Quartett einen echt eng-
lischen Komponisten, aber auf Wunsch der Dame des Hau-
ses folgt Händel darauf.
Im Wirtshaus sind die Tischtücher so weißblau kariert, daß
man Heimweh kriegt.
Im Keller nimmt der Doktor dem erschrockenen
Assistenten den Handschuh aus der Hand.
Es gibt auch eine Stadt namens Frankenstein.
Im Wald schläft Frankensteins Monster weinend unter dem
Farnkraut.

Der Geliebte von Frankensteins Tochter heißt Hans.
Frankensteins Monster steht auf dem Altan des
Herrschaftshauses.
Der Doktor Stein macht eine Krankenvisite.
Das Liebespaar heißt Gerda und Franz, sitzt mitten in der
Nacht unterm Gebüsch und zählt Ameisen.
Der Stallknecht hängt im Stall an einem ziemlich schwarzen
Reifen aus Holz.
Frankensteins Monster hieß früher Hans.

Der Schrei der Dame des Hauses löscht die Kerze für die
Partitur des Streichquartetts aus.
Frankensteins Monster hat sich unter das Farnkraut
verkrochen.
Frankensteins Tochter trug einen Reifrock aus Inzbad
(oder aus Insbad).
Hans und Frankensteins Tochter saßen oft miteinander im
Gras und aßen aus dem Jausenkorb, der zwischen ihnen im
Gras stand.
Die Dame des Hauses hat einen Fächer zwischen Daumen
und Fingern.
Frankensteins Monster, in seiner Verzweiflung, hat den
Hemdkragen offen.

»Ihr seid so gut zu mir!« sagte Hans.
Der Mann aus dem Volke reibt sich den Bauch.
»Ich bin immer nur angestarrt worden!« sagt
Frankensteins Monster.
Der Doktor Stein heißt jetzt Doktor Franck und hat eine
Praxis in London West, Harley Street.

1
HANA NO KUBIZAKARI/GINGA NO ROMANCE
Tigers
2
KOI NO SHIZUKU
Ito Yukari
3
MASSACHUSETTS
Bee Gees
4
YUBE NO HIMITSU
Ogawa Tomoko
5
KAMISAMA ONEGAI
Tempters
6
KANASHIKUTE YARIKIRENAI (UNBEARABLE SAD)
Folk Crusade
7
HOSHIKAGE NO WALTZ
Sen Masao
8
ISEZAKI-CHO BLUES
Aoe Mina
9
BARA NO KOIBITO
Wild Ones
10
SAKARIBA BLUES
Mori Shin-ichi

11
LADY MADONNA
Beatles

12
OTARU NO HITOYO
Tokyo Romantica

13
NAMIDA NO KAWAKUMADE
Nishida Sachiko

14
AME NO GINZA
Kurosawa Akira and Los Primos

15
SATSUMA NO HITO
Kitajima Saburo

16
VALLERI
Monkees

17
ANO TOKI KIMA WA WAWAKATTA
Spiders

18
LOVE IS BLUE (L'AMOUR EST BLEU)
Paul Mauriat

19
DAYDREAM BELIEVER
Monkees

20
AMAIRO NO KAMI NO OTOME (ON THE WINDY HILL)
Village Singers

Dem mutmaßlichen Verbrecher wird im Verhör eine An-
zahl von Wörtern zugerufen
von denen einige dann in dem Geständnis vorkommen
müßten:
zuckt der Verdächtige jetzt zusammen
oder fährt er auf
oder – noch schlimmer – verhält er sich auf diese Wörter
gleichgültiger
als auf die gleichgültigen anderen Wörter
so haben die Verhörspersonen
einen halben Schuldbeweis:
die Wörter
die das Verbrechen betreffen
sind Reizwörter für den Schuldigen
sind
wenn sie sich als Reizwörter für den Beschuldigten erwei-
sen
Schuldwörter:

Reizwörter sind
Traumwörter:
das heißt:
Schamwörter –
Schmachwörter –
Geisterbahnwörter:
das heißt:
Wörter für Schlaflose
für Zeitfahrer
für Ortsfremde
für draußen Vorbeigehende
für Politiker an Fabrikstoren
für Bäcker um drei Uhr in der Nacht

für ausgebrochene Sträflinge die sich noch nicht umziehen
konnten
für Wünschelrutengänger deren Muskeln zu müde sind in
der Erde die Reizzonen zu finden:

ein Verzweifelter nimmt sich das Leben
nachdem er das Wort
GOLDHAMSTER
gehört hat
während ein anderer Verzweifelter
nachdem er das Wort
SONNTAGMORGEN
gehört hat
sich nur die Krawatte straffer zieht
während ein anderer Verzweifelter
nachdem er das Wort
WINDSCHATTENFAHREN
gehört hat
plötzlich mit der Welt wieder eins ist:

GOLDHAMSTER
SONNTAGMORGEN
WINDSCHATTENFAHREN

Und jemand
der sich oft verkriechen möchte
zuckt
als er das Wort
PROMINENTENFLUGPLATZ
das Wort
SZENENAPPLAUS
das Wort
JAGDZIMMER
hört
schuldbewußt zusammen –

und jemandem
den es oft ekelt
würgt es in der Kehle
als er die Wörter
MEHRZWECKTISCH
FILZSCHREIBER IN APPENZELL
VERSÖHNUNGSKIRCHEN
hört –
und jemand
der oft vor Wut
außer
sich
ist
möchte
als er die Wörter
WRACK
KÖSTLICHER JAHRGANG
RENTENMARKT
hört
worttaub sein:

RENTENMARKT
KÖSTLICHER JAHRGANG
WRACK
VERSÖHNUNGSKIRCHEN
FILZSCHREIBER IN APPENZELL
MEHRZWECKTISCH
JAGDZIMMER
SZENENAPPLAUS
PROMINENTENFLUGPLATZ:

das Reizwort des Streifenbeamten ist
QUERSCHLÄGER
das Reizwort des Fußballverteidigers ist
EIGENTOR

das Reizwort des Sterbenden ist
LEISE
das Reizwort des Tobsüchtigen ist
WUNSIEDEL
das Reizwort der Schwangeren ist
TOPFLAPPEN
das Reizwort des Mörders ist
LUFTZUG
mein Reizwort ist
jedes Wort
jedes Wort
ist ein Reizwort:

URABSTIMMUNG
ROTKÄPPCHEN
MEHRFAMILIENHAUS
RESTPOSTEN
GÄNSEKLEIN
FREIWILLIG
NIEMANDSLAND
WÜHLMAUS
SCHLICK
LAVA
ÄTZEN
WENN
WO
NOVARA

DASS
im Frühjahr das Gras neben den Eisenbahnschienen;
im Sommer der Wald in Kalifornien und an der
                                            Côte d'Azur;
im Herbst die Kartoffelstauden;
im Winter Invaliden in ihren Betten;
das ganze Jahr über Tankwagenfahrer verbrennen;

DASS
der Operierte, kaum aus der Narkose erwacht, schon
                                    wieder Witze reißt;
ledige Mütter in Häusern mit Gasheizung wohnen;
vor den Verfolgern im Radrennen die Bahnschranken
                                        niedergehen;
die Bosse der COSA NOSTRA im Hinterzimmer sitzen;
der Absturz des Flugzeugs von einem Bauern auf dem Feld
                                        beobachtet wird;

DASS
der Ringer ZEBRA KID, im Ring gefürchtet, privat ein
                                    gutmütiger Riese ist;

DASS
NOBBY STILES, Verteidiger von Manchester United, auf
dem Fußballplatz gefürchtet, außerhalb des Fußballplatzes
                                    keiner Fliege etwas antun könnte;

DASS
in den USA Eispickel Mordwerkzeuge sind;
die reiche Erbin kinderlos ist;
der Polizeispitzel feuchte Hände hat;
der Ehemann der Gebärenden vor dem Kreißsaal auf und
                                        ab geht;

der Mörder des Taxifahrers ein Fahrgast mit dunkler
                                        Hautfarbe ist;
die Sternschnuppen von Kurgästen bestaunt werden;
der KZ-Wächter ein Hundeliebhaber ist;
in Burma die Fähren kentern;
in Montenegro die Autobusse verunglücken;
in Buenos Aires die Fußballzuschauer einander
                                        zertrampeln;

DASS
die geschändete Küchenhilfe auf einem Kohlenhaufen im
                                        Keller hockt;
die Zapfer in den Stehbierhallen gewalttätig sind;
von Straßenbahnen vor allem die Rentner erfaßt werden;
die Hilfsarbeiter mit russischen oder polnischen Namen in
einer Kammer über dem Kuhstall wohnen; die Straße, wenn
                der Lastwagen umstürzt, voller Orangen ist;

DASS
der Sittenstrolch vor der Entlarvung als gutsituierter Bür-
ger mit guten Umgangsformen gegolten hat und der Atten-
täter von seinem Arbeitgeber als fleißig / gutmütig / unauf-
fällig bezeichnet wird und der Heiratsschwindler feingliedr-
rige Hände hat;

DASS
die Arbeiter beim Mittagsschlaf in der Betontrommel;
die alten Radfahrer auf dem Rad;
die verletzten Schifahrer auf dem Weg ins Tal;
die Kleinkinder in unbewachten Momenten sterben;

DASS
in Metz noch mit dem Fallbeil hingerichtet wird;

DASS
in Wochenendhäuschen eingebrochen wird;
der Erpresser am Telefon eine sanfte Stimme hat;
Vertreter den Fuß zwischen die Tür schieben;
Ertrunkene in Flüssen sofort abgetrieben werden;

DASS
die Kirschen Kerne haben;
daß gegen Abend der Wind weht;
daß die Hängematten hin und her schwingen;
daß die Wasserläufer übers Wasser laufen;
daß die Orgel Orgel spielt;
daß die bewegliche Habe beweglich ist;
daß Zahnlose zahnlos sind;
daß Straßen Wege sind;
daß Wege Wege sind;
daß Fischgräten Gräten sind;
daß Wörter wie »Gekreische« und »Lebkuchen«
                    GEKREISCHE und LEBKUCHEN bedeuten –:
das alles –
das ist alles –
das alles ist alles –
das alles ist alles nicht alles nicht wahr.

Denn die Zapfer in den Stehbierhallen sind Heirats-
                    schwindler mit feingliedrigen Händen.
Denn die Augenzeugen des abstürzenden Flugzeugs sind
                    Kurgäste.
Denn die Arbeiter sterben auf Kohlenhaufen im Keller.

TATEN seien die Alternativen zu WORTEN
so wie ICH die Alternative zu IHM sei
oder wie WIR die Alternative zur UNTERDRÜCKUNG
                                                            seien
oder wie DU die Alternative zur LEEREN WOHNUNG
                                                    seist:

WORTE wieder, sagt man, seien die Alternative zum
                                            DENKEN
so wie VERHANDLUNGEN die Alternative zum KRIEG
                                                    seien
oder wie der WIRKLICHKEITSSINN die Alternative zum
                            UNVERBINDLICHEN SPIEL sei
oder wie die SCHÄDLINGSBEKÄMPFUNG die Alternative
                        zum KARTOFFELKÄFER sei:

DAS DENKEN wieder soll, berichtet man, die Alternative
                                    zu den TATEN sein
so wie DIE STICKIGE LUFT eine Alternative zu denen
                        sein soll, DIE FÜR REINE LUFT SORGEN
oder wie DIE ANARCHIE die Alternative zum GUTEN
                        WILLEN ALLER BETEILIGTEN SEIN soll
oder wie die Alternative ZUM KLEINEN FINGER GAR
                                NICHTS sein soll:

Die Alternativen, könnte man also sagen, stellten zwei
                                    Worte zur Wahl /
die Alternativen bestünden aus Worten /
die Worte behaupteten, schon als Worte, was SEIN SOLLE /
die Alternativen stellten zwei Worte zur Wahl, von denen
eines SEIN SOLLE, damit das andre NICHT SEI /
die Alternativen stellten sich als Worte zur Wahl, die da-

durch, daß Worte, schon als Worte, behaupteten, was SEIN
SOLLE, schon zwischen zwei Worten keine Wahl mehr zu-
ließen /
wenn WORTE die Alternative zum DENKEN wären, wie die
Alternativen, die WORTE seien, behaupteten, weil sie
WORTE seien (und Worte *behaupteten*) – so wären die Al-
ternativen, die, schon als WORTE, behaupteten, was SEIN
SOLLE, die geeignete Schädlingsbekämpfung der

GEDANKEN:

PARIER oder KREPIER!

Rocco
der Einzelgänger von Alamo
läuft dem Banditen in die Schafhürde nach:
sein Faustschlag wirft den Banditen
auf die Schafe
die in einer Ecke der Hürde zusammengedrängt sind:
die Schafe stieben wirr auseinander:
Einzelgänger gegen Einzelgänger
in einer Hürde
unter einer Herde
von erschreckten Schafen

Ein Hubschrauber verwechselt eine Herde von /
Schafen
mit einem Landeplatz;
Herden von /
Schafen oder Rindern auf Schienensträngen
verursachen Zugkatastrophen;
im Umkreis um ein in den Bergen verunglücktes Flugzeug
werden auch die Kadaver eines Rudels von /
Gemsen
gefunden;
ein Schwarm von /
Hornissen
dient als Waffe im Dschungelkrieg;
eine Horde von /
Radaubrüdern
legt den Verkehr lahm;
ein Ordnungshüter greift sich den Hauptschreier
aus einer Rotte von /
Aufwieglern;
ein Klüngel von /

Verbrechern wird unbarmherzig ausgerottet;
eine Kette von /
Warenhäusern wird neugegründet;
eine Riege von /
Turnern
tritt auf das Siegespodest;
eine Runde von /
fröhlichen Zechern
sitzt rund um den Tisch;
der Sturm schmeißt eine Faust von /
Hagelkörnern
gegen die Stallfensterscheiben;

ein Ring von /
Filialen;
ein Strauß von /
Wünschen;
eine Batterie von /
Bierflaschen;
eine Versammlung von /
ewig Unzufriedenen;
ein Schock von /
Landeiern;
eine Meute von /
Verfolgern;
ein Hagel von /
Steinen;
eine Kompanie von /
Opferbereiten;
eine Serie von /
Volltreffern;
ein Kreis von /
Gleichgesinnten;
ein Schwarm von /
Panzern;

ein Knäuel von /
Ertrunkenen;
eine Kolonie von /
Blattläusen;
eine Flucht von /
Zimmern;
ein Rattenschwanz von /
Beschwerden;
eine Masse von /
Fußballtoten:

eine Runde von /
Bankräubern
läßt einen Schwarm von /
Butterbrotpapier
vor dem Tresor zurück;
eine Horde von /
Eheleuten
will es noch einmal miteinander versuchen;
Trauben von /
Siebenmonatskindern
werden in Fluchten von /
Brutkästen
gelegt;
der Ringer wendet eine Kollektion von /
Nasengriffen
an;
ein Meer von /
Bußsakramenten
wird ausgeteilt;
eine Meute von /
Nebelscheinwerfern
zerbricht;
ein Hagel von /
Sterbezimmern

wird ausgeräuchert;
eine Lawine von /
Türen
wird zugeschlagen;
eine Rotte von /
Papiersäcken
platzt;
ein Kreis von /
Eingekreisten
ergibt sich;
ein Kränzchen von /
Trichinen
wird zu Schweinefett verkocht;
eine Prozession von /
Betrunkenen
erstickt im Waschtrog;

ein Schock von /
feuchtem Schnee
klatscht nieder auf die Rudel /
der Lebenden
und die Horden /
der Toten:

August
dem Weltumsegler
kommt auf einem steilen Bergweg
in einer Kurve
eine Herde von /
Schafen entgegen:
drängt und schiebt ihn vom Weg aus der Kurve heraus:
stürzt mit ihm in den Abgrund:
der Weltumsegler geht zugrunde
in einer Herde /
in einem See /

in einer Horde /
von schrecklichen Schafen

Wir sitzen am Rand des Feldwegs und reden.
Die größte Not ist lange vorbei, denn am Gletscherrand lagern die Leichen ab.
Wer steht am Rand des Feldes, am Rand des Highway? –
Cary Grant!
Am Grubenrand liegt, vom Spaten gespalten, ein Engerling.
Der Rand des Schmutzflecks trocknet schon.
Es wird bitter kalt, und dem Captain Scott fängt die Wunde vom Rand her zu eitern an.
Am Rand der Erschöpfung reden wir alle in Hauptsätzen.
Von den schmutzigen Taschen des Toten haben die Fingernägel des Plünderers einen Rand.
Wir sitzen am Rand des Feldwegs, am Rand des Feldes, und reden, und reden.
Wo der Rand der Wörter sein sollte, fängt trockenes Laub an den Rändern zu brennen an, und die Wörter krümmen sich unendlich langsam in sich selber:
»Diese Trauerränder!«
Dieser Rand der Trauer.

Der Aufsichtsrat und der Vorstand der Daimler-Benz
Aktiengesellschaft
Der Aufsichtsrat und der Vorstand der Wintershall
Aktiengesellschaft
Der Aufsichtsrat und der Grubenvorstand der
Gewerkschaft Ölraffinerie Emsland
Der Aufsichtsrat und die Geschäftsführung der Erdölraffi-
nerie Mannheim, Gesellschaft mit beschränkter Haftung
Die Varta Aktiengesellschaft in Frankfurt am Main
Die Aktiengesellschaft der Kammgarnspinnerei
Stöhr & Co, Krefeld.

Die Gesellschaft für Handel und Grundbesitz mit
beschränkter Haftung, Elmshorn
Die Gesellschaft für Industriewerte mit beschränkter
Haftung, Neuß
Die Gesellschaft für Erdbewegung mit beschränkter
Haftung, Wattenscheid
Die Gesellschaft für Marktfragen mit beschränkter
Haftung, Königswinter
Die Gesellschaft Schlaraffia E. V., Würzburg.

Der Bund Deutscher Forstmänner E. V., Goslar
Der Bund der Notgemeinschaft ehemaliger Arbeits-
dienstangehöriger E. V., Itzehoe
Der Bund hirnverletzter Kriegsopfer E. V., Neustadt an der
Weinstraße
Der Bund der Berliner und Freunde Berlins E. V.,
Leverkusen
Der Bund der Kriegsbeschädigten und Hinterbliebenen
Deutschlands E. V., Eßlingen.

Die Gesellschaft für christliche Kultur E. V., Remscheid
Das Deutsche Institut für jagdliches und sportliches
Schießwesen E. V., Hamm
Der Verein Deutscher Bleifarbenfabrikanten E. V.,
Detmold
Der Verein zur Förderung der sozialen Marktwirtschaft
in Nordrhein-Westfalen, Köln.

Der Verband Deutscher Lesezirkel E. V., Berlin
Der Verband Deutscher Soldaten für das Land Nieder-
sachsen E. V., Hameln
Der Verband der Fassondrehteile- und Blankschrauben-
industrie E. V., Duisburg
Der Verband Deutscher Kältefachleute E. V., Bamberg.

Die Vereinigung der Opfer des Stalinismus, Braunschweig
Die Vereinigten Kugellagerfabriken Aktiengesellschaft,
Wolfsburg
Die Vereinigung der aus der Sowjetzone verdrängten
Lehrer und Beamten, Furth im Wald.

Die Deutsche Jugend des Ostens, Landesgruppe
Baden-Württemberg
Die Deutsche Schutzvereinigung für Wertpapierbesitz,
Düsseldorf
Die gemeinnützige Deutsche Wohnungsbaugesellschaft
Freies Volk, Gesellschaft mit beschränkter Haftung,
Karlsruhe.

Die Deutsche homöopathische Union, Bad Godesberg
Die Deutsche Lebensrettungsgesellschaft, Trier
Das Deutsche Nationale Komitee der Weltkraftkonferenz
für die Bundesrepublik, Darmstadt.

Der Reichsbund der Körperbehinderten-Selbsthilfe
Der Ring Deutscher Hausbesitzer
Die Deutsche Polizei.

Die Deutsche Treuhandgesellschaft
Der Ring Deutscher Makler.

Die Deutsche Auskunftei.

u. v. a.

Beim Telefonieren, als ich im Nacken einen Luftzug spüre,
steht plötzlich niemand hinter mir, und ich erschrecke;
im Bad, unter der Dusche, steht plötzlich niemand hinter
                                mir, und ich erschrecke:

– erschrecken:
über das auf den Steinboden fallende Geschirr, das aus Holz
                                                        ist
über die Spielkarten, die alle in das Etui passen
über die Stufe, die dem Schild ACHTUNG STUFE folgt:

erschrecken über etwas, auf das man gefaßt ist, und über et-
was erschrecken, auf das man nicht gefaßt ist, und über et-
was erschrecken, auf das man nicht gefaßt ist, weil man ge-
faßt war, über etwas *anderes* zu erschrecken, und über
nichts, weil man gefaßt war, über *etwas* zu erschrecken, er-
schrecken:

– erschrecken:
über den an der Scheibe herunterlaufenden Tropfen
                        erschrecken, der plötzlich stehenbleibt
über den Ball erschrecken, der vom Lastwagen *nicht*
                                            überfahren wird
über die Türklinke, an der die Hand *nicht* abrutscht,
                                                erschrecken
und über die zufallende Tür, die man noch vor dem
                        Einschnappen erreicht, erschrecken

– erschrecken über jede Zeitung, aus der keine Beilage fällt
über jede Haarsträhne im Gesicht, die keine Schnittwunde
                                                        ist
über das Nichtausgleiten auf dem Eis erschrecken

über das Nichtdrücken der neuen Schuhe erschrecken
über das Nichtverschlossensein der fremden Tür
                                        erschrecken:

– erschrecken: wenn ein Schlag einen anderen trifft
                    wenn man beim Aufspringen auf den Zug
                            nicht ausgleitet
                    wenn der Uniformierte, der auf einen zu-
                    lief, an einem vorbeiläuft:

– erschrecken darüber, daß ein Stein, den man in einen
                    Brunnen wirft, auf Grund trifft
darüber erschrecken, daß ein tollwütiger Hund durch einen
                    Zaun von einem getrennt ist
erschrecken darüber, daß ein eben zusammengerolltes
                    Papier sich von selber wieder entrollt
darüber erschrecken, daß die Hand die Fliege gefangen
                                                    hat
darüber, daß der nackte Fuß im Finstern auf keinen Nagel
                    tritt, erschrecken:

– Was für ein Schrecken!:
Der Mantelzipfel bleibt nicht in der Falltür hängen!
Die senkrecht gestellte Zigarette fällt nicht um!
Die Kastanie platzt nicht im Feuer!
Das Getreidefeld ist nicht niedergewalzt!
Die Augen des Pferdes sind frei von Fliegen!
Die Brücke ist nicht gesprengt!
Im Keller ist noch kein Rattengift gestreut!
Was für ein Schrecken!

– *Welcher* Schrecken?
Der Schrecken, der *nicht* eintritt, und der Schrecken, der
noch nicht eingetreten ist, und der Schrecken, der eingetre-
ten *ist* und wieder eintreten *wird,* und der Schrecken, der

hier nicht eintreten, und der Schrecken, der *jetzt* nicht eintreten kann, und der Schrecken, für dessen Eintritt gesorgt ist, und der Schrecken, der nur *gedacht* werden kann, und der Schrecken, der *nicht* gedacht werden kann, und der Schrecken darüber, *daß* ein Schrecken nicht gedacht werden kann, und der Schrecken über den Schrecken, der nicht mehr schrecken kann:

– der Schrecken über jedes Grundstück, auf dem noch keine
                    Selbstschüsse aufgestellt sind:

– »Dieser Randstein ist noch nicht umgefahren!«
»Dieses Plakat ist noch nicht abgefetzt!«
»Diese Juwelierscheibe ist noch nicht zertrümmert!«
»Dieses Auto ist noch nicht umgeworfen!«
»Dieser Pflasterstein ist noch nicht ausgegraben!«
»Dieser Grenzstreifen ist noch nicht vermint!«
»Über diesen Kopf ist noch kein Nylonstrumpf gezogen!«
»Diese Telefonzelle ist noch nicht ausgebrannt!«
»Bei diesem Knall fliegt niemand durch die Luft!«
»Bei diesem Pfiff erscheint kein Polizeiauto!«
»Dieser Briefmarkenautomat gibt noch Briefmarken
                                    heraus!«
»Von diesem Untergetauchten sieht man noch Luftblasen!«
Was für ein Schrecken!
Was für ein Schrecken! –

– Erschrecken:
über alles Genießbare, an dem sich noch kein Preiszettel
                                    befindet
über jede Bank, die noch nicht ausgeraubt ist
über jedes Foto, auf dem noch keine gestrichelte Linie
                                    eingezeichnet ist
über jeden Laden, der noch nicht wegen Todesfall
                                    geschlossen ist

über jede Mücke auf dem Arm, die nicht zusticht
über jeden unterirdischen Gang, der noch nicht
                                                eingestürzt ist
über jeden Plünderer, der mit dem Teppich bis zum
                                        Lastwagen kommt,
                                        erschrecken:

– erschrecken über jeden *verfrühten, verspäteten* Schrecken:

– »Wie furchtbar – dieser Pilz bewirkt keine Krämpfe!«
»Wie entsetzlich – dieses Wort verletzt nicht!«
»Wie grauenhaft – dieser Ballon platzt nicht!«
»Wie schrecklich – dieses Grün ist nicht giftig!« –

– Der Verdurstende sieht, daß die Flasche noch nicht
                                                leer ist;
Der Verirrte geht noch immer auf festem Boden;
Der Angegriffene sieht, daß der Angreifer die Faust noch
                                nicht geschlossen hat –
– wie sie erschrecken!
– wie sie erschrecken!

– erschrecken:
über jede leere Falle
über jedes leere Stadion
über jedes leere Unterholz –

– über jeden Ort, der sich auch in Wirklichkeit dort
befindet, wo ihn die Landkarte eingezeichnet hat –
erschrecken
erschrecken
erschrecken:

»der« – oh nein!
»die« – oh nein!
»das« – oh nein!

– erschrecken über *erschrecken*
erschrecken über *nicht* erschrecken

erschrecken über *sich freuen*
sich freuen über *erschrecken*:

– »Diese Lottokugel fällt ins Glas!«
»Dieses Loch im Eis hat nichts zu bedeuten!«
»In diesem Maisfeld hält sich niemand versteckt!«
»Diese Wüste ist eine Fata Morgana!«

Wieviele Straßenschluchten dauert es
bis die Nacht vorbei ist?

Josef Merz, Bäcker, stirbt.
Herr Josef Merz, Bäckermeister, ist gestorben.

Wieviele Fenster könnte man schließen
bis ein Boxer ausgezählt ist?

Um etwas zu erleben
trete ich hinaus in den Flur:
ich mache die Tür zum Flur *auf*
und mache im Flur die Tür zum Zimmer zu
und mache im Flur die Tür zum Zimmer auf
und mache im Zimmer die Tür zum Flur zu:
indem ich
um etwas zu erleben
in den Flur hinaustrat
habe ich
das Hinaustreten lang
erlebt
daß ich hinaus in den Flur trat.

Um etwas zu erleben
schaue ich vom Knüpfen des Schuhbands auf:
ich schaue einen Strick voll Wäscheklammern an:
einige Wäscheklammern lang schaue ich den Strick voll
                                Wäscheklammern an:
das Knüpfen des Schuhbands lang schaue ich die
                                Wäscheklammern an:
einige Wäscheklammern lang
knüpfe ich
das Schuhband zu.

Wieviele Maiskolbenpfeifen werden geraucht
bis das Märchen zuende erzählt ist?
Wieviele Freudensprünge werden getan
bis der Fröhliche still stehen muß?
Wieviele Geisterstunden gehen vorbei
bis das Fürchten endlich verlernt ist?

(Wieviele Fliegen lang steht das Pferd in der Sonne?
Wieviele Stufen lang dauert die Verfolgung des
                                    Kirchenschänders?
Wieviele Notdurften lang fährt der Gastarbeiter hin in das
                                    Gastgeberland?
Wieviele Eisschollen lang läuft der Hase hinaus auf das
                                    Meer?
Wie lang dauert das Sterben auf der Stelle?)

Um etwas zu erleben
esse ich ein Stück Torte:
indem ich an das Essen der Torte denke
schaue ich auf vom Essen der Torte:
das Denken an das Essen der Torte lang
esse ich die Torte:
das Essen der Torte lang
denke ich an das Essen der Torte
: aber das Umsinken der Torte lang
(nachdem ich an das Essen der Torte *gedacht* habe,
ohne auf das Essen der Torte zu *schauen*)
muß ich an das Umsinken des dicken Bäckers denken:
das Denken an den umsinkenden Bäcker lang
esse ich nicht von der Torte:
das Umsinken des dicken Bäckers lang
esse ich nicht von der Torte:
das langsame Umsinken des Bäckers lang
sinkt die Torte
langsam rückwärts um
auf den Teller.

»Wie spät ist es?«
Philip Marlowe wird zum zweiten Mal von der Polizei
                                              verprügelt.
»Wie spät ist es jetzt?«
Cliff Richard küßt Massiel zum dritten Mal auf die Wange.
»Wie spät ist es jetzt?«
Der russische Fotograf fotografiert das vierte
                                  ausgeschlüpfte Küken.
»Wie spät ist es?«
Marlowe verprügelt den Polizisten.

»Achtzehn Stockwerke später«:
Ich sehe die Schlange für die Dauer eines Bisses.
Der Dreivierteltakt dauert das Wort RIESENRAD lang.
Ich war in dem Film »Die Pagode zum fünften Schrecken«.

Memphis ist ein Zeitmaß.
Die Sowjetunion legt ihr hundertfünftes Veto ein.
Die Nacht dauert von der ersten bis zur hundertsechs-
                                  undzwanzigsten Straße.

WARNER BROTHERS UND SEVEN ARTS
zeigen:

WARREN BEATTY

FAYE DUNAWAY

in

BONNIE UND CLYDE

in weiteren Hauptrollen

GENE HACKMAN
ESTELLE PARSONS
DENVER PYLE
DUB TAYLOR
EVANS EVANS
GENE WILDER
sowie
MICHAEL J. POLLARD
als
C. W. MOSS

Bauten:
Dean Tavoularis

Kostüme:
Theodora van Runkle

Ton:
Barry McDowell

Spezialeffekte:
Burgess Meredith

Spezialberatung:
Ray Stark, M. A.

Scriptüberwachung:
Diane Caroll

Produktionsüberwachung:
Lloyd Griggs

Make-up von Miss Dunaway:
Julia Warren

Garderobe von Miss Dunaway:
Elvell & Scott, New York

Schnitt:
Georgia B. Hart

Drehbuch:
DAVID NEWMAN
ROBERT BENTON

Kamera:
BURNETT GUFFEY, A. S. C.

Musik:
CHARLES STROUSE

PRODUKTION:
WARREN BEATTY

REGIE:
ARTHUR PENN

Ein Farbfilm in
TECHNICOLOR

Indem ich mit mir selber wette, betrete ich blindlings den
Liftschacht – aber der Aufzug ist da: habe ich die Wette
                                                    verloren?
Ich lasse es darauf ankommen und gehe im Herbst durch
den Wald – aber die Treibjagd ist schon zuende: auf was
                            habe ich es ankommen lassen?
Ich nehme mich zusammen und gehe über die Straße – aber
alle Fahrzeuge fahren an mir vorbei: welchen Sinn hatte es,
                            daß ich mich zusammennahm?

Wenn ich im Fleischerladen bin, gelten die Beilhiebe nicht
                                                    mir.
Wenn ich die Starkstromleitung berühre, trage ich Schuhe
                            mit Gummisohlen.
Wenn ich mich aus dem Fenster beuge, ist die Brüstung zu
                                                    hoch.
Wenn ich stolpere, stolpere ich auf dem Erdboden.
Wenn ich falle, falle ich glücklich.
Wenn ich auf dem Gerüst stehe, ist das morsche Brett
                            schon entfernt worden.
Wenn ich mit der Schußwaffe spiele, sind meine Finger zu
                                                    ruhig.
Wenn ich auf die Schlange trete, ist die Schlange schon tot:

Es nützt nichts, daß ich in kochendes Wasser falle – es ist
                                        nur ein Traum.
Es schadet nichts, daß ich von Kannibalen gegessen werde
                    – ich bin nur die Figur eines Witzes.
Es tut nichts zur Sache, daß mir der Kopf von einem Gorilla
abgebissen wird – ich bin nur der Held einer Geschichte.

Während die Stricknadel unbenutzt im Wollknäuel steckt,
während die Rasierklinge unbenutzt neben dem
                                        Waschbecken liegt,
während das Pflaster unbenutzt tief genug unter mir liegt,
während der Lastwagen unbenutzt gegen die Mauer
                                        zurückstößt,
während die Tür des Kühlschranks unbenutzt zufällt,
während die tödliche Dosis unbenutzt dort im
                                        Schrank steht,
während anderswo unbenutzt tödliche Kälte herrscht,
während anderswo Feuer unbenutzt niederbrennt,
während Felsblöcke woanders aufschlagen,
während
zum Töten Ermächtigte woanders andere töten,
während nicht zum Töten Ermächtigte woanders
                                        andere töten,
während andere zum Töten Ermächtigte woanders andere
zum Getötet werden Verpflichtete töten und während wo-
anders andere zum Getötetwerden Verpflichtete andere
                        zum Töten Ermächtigte töten,

während
Messerspitzen,
Axtschneiden,
Gammastrahlen,
scharfkantige Steine,
rasende Eisenbahnen,
Straßenwalzen,
Gletscherspalten,
rotierende Propeller,
Treibsand,
giftige Pilze,
giftiger Schimmel,
tödliche Spinnen auf Bananen,
flüssiger Stahl,

Minenfelder,
kochendes Pech,
ausströmendes Gas,
tiefes Wasser
unbenutzt sind,

stehe ich hier, auf *meinem* Platz,

einen Schritt zu weit weg von der Bananenschale,
mehr Schritte zu weit weg vom rotierenden Propeller,
noch mehr Schritte zu weit weg von der Spitze des
                    Holzpflocks, der in die Erde gerammt wird,
noch mehr Schritte zu weit weg von der Spitze des Brief-
öffners, der neben mir liegt,
am meisten Schritte zu weit weg vom Liftschacht,
                                        der leer ist –

und atme nicht ein
und atme nicht aus
und rühre mich nicht vom Fleck.

Der Singmeister Mazetti.
Lilly, ein Mädchen.
Er selbst, der Herr Amtsgerichtsrat.
Der Affe Mamok.
Der Sesselträger Rot.
Franz, Kellner.
Die Gattin des Ingenieurs aus dem dritten Stock links.
Ein Buffetier im Zirkus.
Flora Baumscheer.
Eine Gnädige Frau.
Mann hinter der Hecke.
Der Baron mit dem Trauerflor.
Baruch, Handelsjude.
Eine Dame aus Bern.
Ein Streckengeher.
Abnormitäten und Oktoberfestleute.
Zwei Näherinnen.
Genien. Gäste. Livreebediente. Bauern.
Volk.

»Wir«:

Erst als der Erschossene abtransportiert wird
erkennen wir
an den großen runden Nagelköpfen
an der Schuhsohle des Erschossenen
daß dieser unschuldig war

Wir sind in Nashville in Tennessee:
aber als wir das Hotelzimmer betreten
und die Nummer des PLAYBOY
mit dem zum Teil sichtbaren schimmernden Naseninnern
der Ursula Andress
angeschaut haben
greift
– statt der Ratlosigkeit darüber
daß wir in Nashville sind –
das Naseninnere der Ursula Andress um sich

Wir gehen nach Prag:
dort ist es gegen neun Uhr am Abend
wir lesen von der Zeit der Stille auf den Straßen
aber als wir um neun Uhr auf die Straße treten
ist es höchste Zeit
für den letzten Versuch
ohne Gesellschaft zu bleiben

Wir befinden uns in einem Warenhaus:
wir wollen die Rolltreppe benutzen
um in die Spielwarenabteilung zu gelangen
wo wir Bauklötze kaufen wollen
aber da die Rolltreppe im Augenblick steht

verwandelt sich die stehende Rolltreppe
auf der wir nach oben gehen
in unseren angehaltenen Atem
und der angehaltene Atem
den wir jetzt ausstoßen
weil sich die Rolltreppe plötzlich wieder bewegt
stürzt zusammen zu einem Haufen von Bauklötzen –

Wir gehen in uns:
dort ist es
wenn wir wütend sind
spät am Nachmittag wie in einem Tatsachenbericht über ein
                                                    Attentat:
wenn wir müde werden
lassen uns dort die lückenlos hängenden Schlüssel an einem
                                        Hotel-Schlüsselbrett
die Augen zufallen:
mit dem Mond geht dort
die Besänftigung auf:
das Erstaunen verwandelt sich in ein weißes Tuch
das nach Feierabend die Süßigkeiten in einer Konditorei
bedeckt:
und mit der Scham
überfällt uns dort der Akrobat im Zirkus
der nach seiner mißglückten Nummer mit dem strahlenden
Lächeln die Arme ausbreitet –

Als wir einmal sorglos sind
sehen wir einen Waldläufer in einem blauen Trainingsanzug
an uns vorbeilaufen
aber dann sehen wir
daß der Waldläufer eine Straße hinunterläuft:
weil wir nicht mehr sorglos sind;
und sehen schließlich
daß der Waldläufer nicht in einem Trainingsanzug die Straße

hinabläuft
sondern in einem langen Mantel
der ihn beim Laufen behindert:
weil wir unruhig sind;
und sehen dann
während wir uns im Zug aus den Fenstern lehnen
wie der Waldläufer im blauen Trainingsanzug uns zuwinkt:
zum Zeichen
daß wir wieder sorglos sind –

Die Beklemmung verwandelt sich in eine grüne Ampel
auf die wir zugehen
während sie noch grün ist
und die gelbe Ampel
auf die wir zulaufen
schaltet um auf das Schaufenster eines Lebensmittelladens
an einem Feiertag
und im leeren Lebensmittelladen verwandelt sich die
Wurstschneidemaschine in einen vollbesetzten Lift in dem
wir mit zu Boden geschlagenen Augen fahren wenn wir
verlegen sind –:

Nennen wir also die Schuldlosigkeit
Nagelschuh
die Ratlosigkeit
Hotelzimmer
die Ausweglosigkeit
neun Uhr
die Unschlüssigkeit
eine stehende Rolltreppe
die Scham
einen vollbesetzten Lift
und die Geduld
eine Platzanweiserin im Kino
die im Finstern mit einer Schachtel zwischen den Händen

neben der Leinwand wartet
bis das junge Mädchen auf der Leinwand
die Ware angeboten hat
die die ältliche Platzanweiserin
voll Scham
wenn es hell geworden ist
als wäre sie in einem vollbesetzten Lift
jetzt uns anbieten wird
oder umgekehrt
oder umgekehrt –

Wir betreten unser Bewußtsein:
wie in einem Märchen ist es dort früher Morgen
auf einer Wiese im Frühsommer:
wenn wir neugierig sind;
wie in einem Western ist es dort Mittag
mit einer großen ruhigen Hand auf der Theke:
wenn wir gespannt sind;
wie in einem Tatsachenbericht über einen Lustmord
ist es dort früher Nachmittag
in einem schwülen Spätsommer
in einer Scheune:
wenn wir ungeduldig sind;
wie in einer Rundfunknachricht
überschreiten dort gegen Abend fremde Truppen die
                                        Grenze:
wenn wir verwirrt sind;
und wie in der tiefen Nacht
wenn ein Ausgehverbot verhängt ist
breitet sich dort die Stille der Straßen aus
wenn wir uns vor niemandem äußern können –

Jemand sieht so viele Gegenstände
daß ihm die Gegenstände gleichgültig werden –
jemand sieht so viele gleichgültige Gegenstände

daß er nach und nach sich selber aus dem Bewusstsein

verliert –

dann sieht er einen Gegenstand
den er *nicht* sehen will
oder den er gern *länger* sehen möchte
oder den er gern *haben* möchte
so daß der Gegenstand ein Gegenstand
seiner Schaulust
seines Willens
seines Unwillens wird
und er ihn *anschaut*
oder ihn *abwehrt*
oder ihn *haben* will:
und er kommt zu Bewußtsein –

Erst als der Angeklagte verurteilt wird
erkennen wir
daß der Verurteilte angeklagt war

Der letzte Satz des Märchenerzählers lautet gewöhnlich:

»Plötzlich, mitten im Bild, hörte der Pferdemaler zu malen auf und erwürgte den Herrenreiter.«

Plötzlich, mitten im letzten Satz –

»Dieses Geräusch kenne ich! Gerade ist jemand gestorben!«
– »Nein, es ist dir nur ein Heuschreck auf das Bett gehüpft.«

Kaum fange ich an, die Augen zu öffnen – schon fange ich an, Einzelheiten zu unterscheiden.

»Kennst du den Unterschied zwischen einer Schlange, die über einen Jausenkorb kriecht, und einem Hoteldiener, der mit dem Zimmermädchen vor dem Haus auf einem Hügel steht?« –
– »Dieses Geräusch kenne ich!« –
– »Nein, es ist nur eine Schlange über dein Bett gekrochen.«

»Viele schmutzige Handtücher liegen auf dem Boden.« –
– »Habe ich die Handtücher *wirklich* liegen sehen oder habe ich nur den Satz gelesen: ›Viele schmutzige Handtücher liegen auf dem Boden‹?« –
– »Ja, von den schmutzigen Handtüchern hast du nur geträumt.«

Kaum fange ich an zu schauen – schon muß ich hier und dort was erblicken: hier ein schmutziges Handtuch auf dem Boden, dort einen Jausenkorb mit einem Geschirrtuch darüber.

»Erinnerst du dich an das Geschirrtuch, mit dem du nach dem Heuschreck geschlagen hast?« –
– »Das war der Hoteldiener.«

Kaum fange ich an, Einzelheiten zu unterscheiden – schon muß ich mich erinnern.

»Früher schwang der Hoteldiener das *Geschirr*tuch, jetzt aber liegt ein *Hand*tuch auf dem Boden!« –
– »Ja, du hast dir die Hände im Geschirrtuch abgetrocknet.«

»Wie wird diese Bewegung genannt?« –
– »Wehen.« –
– »Also ist das, was sich da am Fenster bewegt, der Wind?« –
– »Nein, ein Vorhang bewegt sich.« –
– »Nein, der Wind bewegt einen Vorhang.«

Kaum fange ich an zu reden – schon nehme ich eine Tarnfarbe an und unterscheide mich nicht mehr von der Umgebung.

»Dieser Strick dient nicht zum Erhängen, sondern als Zahnseide.«

Kaum fange ich an zu unterscheiden – schon macht mich das Unterscheiden eins mit meiner Umgebung.

»Wenn die Wilde Jagd kommt, legen wir uns auf einen Feldweg und bilden mit unseren Körpern ein Wagenrad.« –
– »Und wenn du allein bist?« –
– »Wenn ich allein bin, kommt keine Wilde Jagd.«

Kaum suche ich vergeblich nach einem Satz für etwas in der Umgebung – schon unterscheide ich mich schmerzhaft von der Umgebung.

»Kennst du den Unterschied zwischen jemandem der in einiger Entfernung von dir in der Nacht mit einer Taschenlampe geht, und dem Heiligen Alexius unter der Stiege?« –
– »Diesen Anblick kenne ich! Jemand ist gerade gestorben!« –

– »Ja, du bist auf einen Pilz getreten, und der Pilz, beim Platzen hat er dich angestaubt.« –
– »Davon also sind die Handtücher schmutzig geworden!«

Kaum bin ich eins mit der Umgebung – schon fange ich wieder zu reden an und unterscheide mich.

»Ist es nicht der Tintenfisch, der eine Flüssigkeit ausscheidet, um sich unkenntlich zu machen?« –
– »Der Tintenfisch und seine Flüssigkeit sind ein Gemeinplatz!« –
– »Aber kennst du das Geräusch, das entsteht, wenn das Innere eines Krakens mit der Faust nach außen gerissen wird?«
– »Ja, es lautet: KRÄCK!«

Kaum fange ich zu reden an – schon höre ich mich immer wieder: KRÄCK. KRÄCK.

»Kennst du das Geräusch, das entsteht, wenn die Schlange über den Picknickkorb kriecht?« –
– »Ja, es lautet: KRÄCK. KRÄCK!« –
– »Gerade ist jemand gestorben!« –
– »Ja, das Geräusch kenne ich.«

Kaum fange ich zu reden an – schon scheiden alle Gegenstände in meiner Umgebung eine Flüssigkeit ab, die mich unkenntlich macht.

»Wußtest du schon, warum Erhängte die Beine an sich ziehen?« –
– »Sie wollen ein Wagenrad bilden?« –
– »Nein, der Boden unter ihren Füßen ist voller Schlangen!«

Kaum höre ich zu reden auf – schon unterscheide ich im Vorhang und in den Handtüchern Löcher, die die Heuschrecken hineingefressen haben.

»Wußtest du schon, daß jemand, der erfährt, daß über den Jausenkorb, aus dem er gerade gegessen hat, eine Schlange gekrochen ist, vor Grausen sofort sterben muß?« –
– »Ja, das steht in dem Buch über die Wilde Jagd.«

»Ist dir die Melodie, die der Hoteldiener dem Zimmermädchen auf dem Hügel vor dem Haus vorsummt, ein Begriff?« –
– »Ja, aber mir fehlt das Wort dafür!« –
– »Es ist das Lied vom Heiligen Alexius unter der Stiege.«

Kaum höre ich niemanden mehr sprechen – schon übersetze ich mir heimlich die Gegenstände, die ich wahrnehme, in Worte, und kaum habe ich mir die Gegenstände übersetzt – schon sind sie mir ein Begriff.

»Dieses Geräusch kenne ich! Der Hoteldiener summt eine Melodie von Henry Mancini!« –
– »Nein, der Pilz, der dich anstaubt, heißt Bovist!«

Kaum habe ich angefangen zu schauen – schon ist aus dem Vorhang ein Anblick geworden.

»Weißt du, warum der Hoteldiener dem Zimmermädchen auf dem Hügel vor dem Haus eine Melodie von Henry Mancini vorsummt?« –
– »Ja, weil das Zimmermädchen Angst hat, in der Nacht auf einem Feldweg zu gehen.« –
– »Ja, das Wort ›taghell‹ bedeutet, daß es noch Nacht ist.«

Kaum habe ich Worte für das, was ich wahrnehme – schon erscheinen mir die Worte für dies und für jenes als Witz.

»Kennst du den Unterschied zwischen –?« –
– »Ja, der Unterschied ist ein Witz!« –

– »Ja, nur was in Sätzen, die sich gleichen, untergebracht werden kann, unterscheidet sich.«

Kaum habe ich keinen Satz mehr für das, was ich wahrnehme – schon erscheint mir dies und jenes, was ich wahrnehme, als das äußerste AUSLAND, und kaum fange ich wieder zu reden an – schon erscheint mir jeder Satz als ein Traum von dem, was ich wahrnehme.

»Gerade ist jemand gestorben!« –
– »Ja, aber im Ausland.« –
– »Gerade wird da etwas von INNEN nach AUSSEN ge-
stülpt!« –
– »Ja, aber im Ausland.« –
– »Gerade macht da etwas KRÄCK!« –
– »Ja, aber weil wir davon reden können, ist es ein Traum.«

Modell für einen Traum

Ich (oder du?) stehe,
          grüble,
           betätige mich,
      sagen wir,
auf einem Hügel,
in einem Sterbezimmer,
      und
           schaue,
         geschweige denn
           kollere,
den Abhang hinauf, und
      hinunter –
           so entfernt, dass ich dir ähnlich bin.
Die Hinterbliebenen
      lachen, außer Sichtweite,
aber nichtsdestoweniger
        heulen sie,
           ich darunter nicht faul,
      kreischend,
wenn auch nicht sonderlich leidtragend,
        im zweiten Wind überrundet.
»Seitenstechen! Hügelketten, Hügelschnee.«
Ich bin nicht ganz so bei der Sache, wie ich möchte:
einerseits
           stehe ich,
andrerseits
           kollere ich,
      schwindlig von der Höhe,
       von der Leichenaussicht blaß,
den erwähnten Hügel, bzw. die Schmetterlingsansichtstafel
       hinab, herab, zu; *zu!*

»Dämmerung, und es staubt von Totenkopffaltern!«
Das Heruntergehen
    habe ich mir anders vorgestellt,
nicht so wortlos,
   sinnlicher,
nicht so reisefertig,
   heiterer.
Der Abhang tut den Ohren weh,
   vor Kälte sind sie dem Leichnam schon
     abgefallen.
Das Sprechen verändert die Aussicht,
auch der Mond (der Lohnkellner) heißt jetzt anders:
»Vorübergehend«.
NACHTSTROM:
   das Licht fällt ungünstig ein:
wie ein Leidtragender
    zeige ich (als Leidtragender)
einem Vorübergehenden die Faust: die Fäuste: und
   Lügen und Meinungen
     und spreche fließend, ohne Anlaß,
fließend.
Nachtschattengewürze und der Fußboden in der Volks-
schulklasse.«
Das Gras,
   mit anderen Worten,
der Eisenofen,
   alles geht über die Ufer   die Sätze, das Einmaleins
   – in Worten ausgedrückt,
     in Sätzen ausgepreßt,
Schwammschlachten.
   Heiter, wie gesagt,
(was eigentlich eins wie das andre nicht stimmt)
    sitze ich
   auf einem Hügel (dem »Hügel«, auf »dem«)
     und betrachte,

Sätze ausquetschend, die Umgebung
zu Sätzen ausgequetscht, zu Sätzen
ausgequetscht selber,
mit einem lachenden: einem lachenden Auge
schnüffelnd,
triefend vom Sprechen,
den Rückzug der Trauernden, die in den Bach hineinfielen,
Zitronen,
für die sich die Worte GESTALTEN, MAIKÄFER, BRUNN AM
GEBIRGE
aufdrängen, aufdrängten.
Ich befinde mich ... Sturmbarometer;
es
räuspert sich der Schnee:
ich höre:
»Zwingend vorgeschrieben:
Jausenpakete für Gehende, Verschnaufpausen
für Sterbebettendarsteller, Bindegliedentzündungen
für sämtliche Fragen und Antworten; verschwitzt
das Reden, verschwitzt sich selber,
schmerztreibend der
Nebel im Tal,
aus dem Schwitzkasten fällt eine Leiche.«
SCHAU, da kommt Herr August Hitler:
»Ein unruhiges Kind, hat schon im Kindergarten die
Ziegen
mit Steinen beworfen!«
Und die Gruppe, die
ich nicht umhin kann zu sehen,
ist ein Haufen von Menschen undoder Steinen.
»Ich kann nicht umhin zu weinen,«
antwortet, sich zierend, ein Trauergast.
»Ich ...« (Ende des Zitats)
Der Verstorbene ...
wird sich der Schlaglöcher erbarmen:

ist, springlebendig, in eine Pfütze getreten –
trat ein –
            erinnerungssüchtig,
und jetzt das Loch im Eis!
Und jetzt der Eiswürfel auf dem Hals, auf der Halsschlag-
                                              ader –
und jetzt . . . . ich zittere:
Sophie ist eiskalt und
        blutet nicht mehr,
                ich schreibe den
        15. Mai.
Sterbetage, Weinlese: »Es ist angerichtet!«
                Wir schreiben einen Film mit
        Ketchup:
Bette Davis wird tot sein, ihr Vorgänger war ein Eismann,
        jetzt geht er den
Hügel auf und ab:
                ich bin es, kein Zweifel, kein Augenzu-
                                        drücken,
kein Stammgast,
kein Schrebergartenmörder –
        ein Lebemann, jetzt geht er den Hügel hinauf
und hinunter.
Schnittlauch! Zum ersten Mal
                verwende ich dieses Wort – »Schnitt –
lauch! Zum ersten Mal verwende ich dieses Wort!«:
                – Diesen Satz verwende ich
zum ersten Mal.
                Maßstabgerecht sitze ich,
                nein, streune ich,
wie es früher der
        jetzt Tote tat,
wenn er, den Rucksack voll von
                weder Schnee noch Reisig noch leeren Schachteln,
        noch Steinen, *und* Steinen,

die Schaufel in den Schnee warf,
      besser gesagt, das Reisig auf die Schaufel nahm und –
ja, wohin mit den leeren Schachteln? – »Ertrunken in
                            Vanille.«

             Und ich
wälze
      die Steine
auf die andere Seite (wo ich schon liege) – den Fuß
                             verknackst
      im trockenen Reisig, schon brennen die Kühe –
      Zaungäste, wohin ich schaue,
      Weinhügel, wohin ich komme,
      Streusiedlungen, wenn ich nach dem Zucker
      suche:
            – und wohin mit der Leiche?
            Wohin mit der Leiche?
Das Wort »Meyerbeer« hat eine Ähnlichkeit mit einem
Fernsichthügel bei klarem Wetter, in dem ein,
      – *unser!* –
Toter steckt, ein Grundbesitzer, eine Stifterfigur am
      Naumburger Dom.
Schattenrisse, Schattenrisse, Schattenrisse, wann auch
           immer ich den Mund auftue.
Bei Sonnenuntergang wirft das Nebelhorn lange Schatten.
HÖR DOCH: das ist der Hund von Baskerville! Er schnappt
      nach einer spanischen Fliege,
und der Hügel, auf dem ich stehengeblieben war,
      eingewachsene Steine aus den mittlerweile
                  erwachsenen Ziegen reißend,
      heißt im Volksmund
            Totenbauch,
– so lau ist hier die Nacht.
      Ruhig, unruhig; unruhig, ruhig.
Eine Bewegung von flatternden Ameisen – und es klatscht!
Ein Schilf, das man auch Schattenriß nennen könnte!

Ein Leichentuch, das im Volksmund Schneeblindheit heißt!
Ja, ja, Dunkel ist keine Farbe,
sondern
ein Laufen, und Springen, und über den Hackklotz
Stolpern.
Und wenn die Kinder zu reden anfangen, und
nicht nur die Kinder, wird es hell, das Atmen wird selbst-
verständlich.
(Der Tote ist gut ausgefallen, liegt in der Zugluft, die Kälte
wird am Rhesusfaktor gemessen, und wenn es im Zimmer
finster wird, fließt Blut aus den Nasenlöchern).
»So sag doch was.«
Ich höre: ich sah:
Farbe ist nicht das Autokennzeichen mit 2 Buchstaben,
»ch« ist nicht 1 Buchstabe,
sondern
eine Suppe voll:
Mehlwürmern / Rotz / Maul- und Klauenseuche /
»räudigen äthiopischen Leibwächtern«; das heißt:
Laufen und Springen gilt nicht,
sooft wir über Mehlwürmer gehen –
Und ich!
Und der Hügel!
Und ichel!
Und der Hüg!
Und der Hügel!
Und ich!
Und der König.
Und ich.
Und da ich lebe,
habe ich es besser:
als nichts –
und da *du* fragtest (oder ich *denke*):
»Ist Sterben ist nichts ist leichter als das?«
und *ich* sagte (oder du *dachtest*):

»Schöner als nichts kann sein etwas das nicht sein *kann*«
     so
bleiben wir bei dem Wort (bleiben wir bei dem Satz)
     bleiben wir
bis zu den Ohren
     in einem Hügel (in dem »Hügel«, in »dem« –),
besichtigend
     wie ein Feldherr
         Trauerzüge, die quer über den Abhang
     wandern,
Schaufeln voll Reisig ins Grab hineinschmeißend;
         Fußballschützenkönige, Trauergäste
     steinigend,
sich in ewige Bestenlisten eintragend,
         immer das eine Knie, Totenknie, vor
     das andere … setzend,
und
         seufzend
: oder/und
         ich; du; dort; Damals;
     wo ich, nein, Als ich,
         nein, als ich Dich,
nein, wo wir Ihn
     – den Leichnam –
zähneknirschend
     – im Kies –
an den Ohren ins Tal hinabschleiften,
     (was sage ich; was sagte ich?)
immer das eine Bein vor das andere … setzend, und
     seufzend (nicht umgekehrt)
     – Schlamm! –
und die Schatten rissen
     auseinander, – »Auseinander! Auseinander! Platz
               da!« –
starrsinnig wie nur ein Toter,

das Kinn hinaufgebunden, – »und so
schwer!«

verkleidet als Toter, mit Mumps – »ein Kind mit Mumps
                                    war gestorben,
  rund ums Gesicht das zum Schreien verknotete
        Kopftuch der Mutter rund ums Gesicht« –
und das Panorama, der Gänsemarsch, und die verhungerten
Socken in den Feiertagsschuhen!,
     bevor: nachdem:
        ich
     wenn: sooft:
        du
     wo:
        wir und sie alle
saßen und gehen werden,
     gehengehen: uns wundgehen werden,
        Flitterwöchner am Sterben,
     Hinterbliebene,
Lebendgewichte
     auf einen Hügel,
        für den kein Wort gut genug ist,
     und kein Tod zu artig,
     und kein Ruck zu plötzlich,
     und keine Minute zu früh,
     und kein Schlaf zu
        ruhig,

                                        unruhig,
unruhig,
     ruhig.

     »Ru . . . . hig«.
     »Ru . . . . hig«.
  »Ru . . . . hig«.

Das Ende des Flanierens

Métro Balard-Charenton

Bei Sonnenuntergang stieg ich ein
an Motte-Piquet-Grenelle
An Bonne Nouvelle hörte ich auf
das pariscop zu durchblättern
An der Station Filles du Calvaire
war der Flüssigkeitsautomat leer
An Daumesnil waren in einer Vitrine Schuhe ausgestellt
Vor der Porte Dorée sah ich noch Licht
durch einen Schacht kommen
In Charenton-Ecoles
– Mündung der Marne in die Seine –
war es schon Nacht
Im hellen Westen irgendwo
spielte *Young Mr. Lincoln*

Ich bin, während ich hier bin, woanders –
voraus oder zurück
woanders ein zweiter:
die Unruhe, ein Unselbst.
Ich bin nur hier
Ich bin nur jetzt:
die Ruhe selbst.

Gelegenheitsgedicht

Endlich gegen Mitternacht
kommen die Söhne vom Kino
mit neuen Redensarten nach Hause
und die müden Eltern auf dem Sofa
lachen demütig mit

Nichts von mir berührt mehr einander:
die Zehe nicht die Zehe
das Bein nicht das Bein
der Arm nicht den Kopf
der Finger nicht den Finger
die Lippe nicht die Lippe –
nur das Lid das Auge:
Friede

Drohgedicht

Für W. S.

Ein ehemaliger Volkssportler geht durch die Sommernacht
Er hat Ballschuhe an
die bespritzt sind von Erbrochenem

An einer Vorstadtkreuzung erblickt er im
                                        Mitternachtsdunst
das Gipfelkreuz
und er lehnt sich daran wie damals
als er am Dachstein mit seiner Schulklasse erfror
und sein bester Freund noch ein Foto von ihm machte

Wie damals patscht er in die Hände und lächelt greisenhaft
obwohl die Sommernacht lau ist
und niemand mehr ihn fotografiert

Es ist die Nacht der in der Seilbahnkanzel dröhnenden
                                        Skischuhe
Der Bach rauscht tief unter dem Eis
und die Kreuzotter fährt aus den Preiselbeerbüschen
dem Überzähligen unter die Smokinghose

Sein letzter Blick erfaßt im Nachtgrauen
einen hellerleuchteten Flughafenbus
wo die Leute sich regen wie Würmer
in einem Magen

Er war Angestellter bei der Zentralsparkasse –
schon als Kind verwachsen mit den Brettern
die ihn nun nicht mehr ergänzen
– und auch damals tanzten Libellen über den Bergtümpeln
deren Wasser man nicht trinken kann

Älterwerden
und daß ein Tisch vor mir glänzt
auf dem ein geschwungener Löffel liegt

Gelegenheitsgedicht

Schiefer, sehr dichter Regenfall
davor senkrecht vom Dach fallende
einzelne Tropfen
Das Geliebte ist unterwegs zu mir
Klopfendes Herz

Vollmond
Reif im Gras
Morgenstern
Zugrauschen
Fensterleuchten
Gaszischen
Katzenschmatzen
Weltstadt

Angesichts des Zweigs vor dem Himmel:
Gewiß erwarte ich keine Gotteserscheinung.
Aber ich erwarte doch mehr zu sehen,
Als ich im Augenblick sehen kann.
Und ich weiß,
Daß ich mehr sehen kann –
Viel mehr.
Und als ich das dachte,
Hörte in meinem Innern das Zählen auf.

Gestern vormittag

Gewaltig wehte der Wind aus dem Wind,
Blaute der Himmel im Himmel,
Erschien die Sonne in der Sonne,
Frischte das Meer das Meer auf

In der mitternächtlichen Umarmung
Öffnete sie die Hand
Und zeigte da eine kleine gläserne Kugel.
Darauf erschien in seiner Faust
Eine faustgroße Kugel aus Bergkristall

Mag sein,
ich habe es mit dir,
du hast es mit mir
nur zum Stammeln gebracht.
Aber dieses unser Gestammel
wird das Schönste sein,
was wir beide
Der Welt hinterlassen werden.
Dieses unser beider
fassungsloses Stammeln
ist unsere menschliche Hinterlassenschaft

Die Verlassenheit

Ruckhaft stand ich auf
(mit dem heißen Gesicht eines Wahnsinnigen)
Der Boden des Raums spiegelte
und die Dinge lagen zur Hand
wie ausgerissene Pflastersteine
In die wegstiebende Katze schlug mein Messer ein
Es gab bis über die Höhe der Augen
keine Außenwelt mehr

Sunt lacrimae rerum

Seine Augen füllten sich mit Dingen.
Seine Augen füllten sich mit Tränen.
»Sunt lacrimae rerum.«

Der wunderbarste Raum
der wunderbarste Abstand
der wunderbarste Zwischenraum
ist der zwischen dem Engel der Verkündigung
und der jungfräulich Gebären-Sollenden:
Abstand von der Lilie des Feldes
zur Lilie des sechsten Tages

Der Lyriker sitzt schön im Haus
der lyrische Epiker geht über die Hügel
der epische Epiker wird auf die Schiffe verschlagen

Rondofragment für Knut Hamsun:

Kein Hunger:
Zu voll vom Da-Sein.

»Schwach vor Hunger« –
Stark vom Nicht-Hunger

Kein Durst ...

Eine Zeitlang

Dank dir
Komme ich gut aus
Ohne dich,
Eine Zeit lang.

Warum suchst du mich nicht,
daherschlendernd aus der Sonne,
und beanspruchst mich,
Sonnenfrau?
Ich habe gerade Zeit

Das Goldene Zeitalter

Der König freute sich diebisch
Und der Dieb freute sich königlich

An den Morgen

Aufgewacht vor dem morgenhellen Himmel:
Über die noch dunklen Dächer
treibt aus den Kaminen schon langsamer Rauch
Die Vögel: *Sine fine dicentes*
Und alle Lieben leben

An den Winter

»Dieser Herbst dauert schon zu lang.
Immer noch das Gewackel in den Bäumen.«
Sinnverwirrtheit
und Raumnot.
Die in Räumen vergehende Jahres-Zeit
abgeflacht zur üblichen Ewigkeit.

Doch heute drehten sich die einzelnen Blätter
                              im klaren Winter.
»Neue Kälte, neuer Raum um die Häuser,
und das Himmel-Hinterland!«
Ich freute mich,
ertrug eine Unordnung
und verrichtete kleine Arbeiten

An die Henker

Man nennt euch »Bande«, »Mörder«, »Verbrecher«.
Mörder und Verbrecher muß ich manchmal verstehen,
weil ich mich selber verstehen will.
Ich könnte z. B. ein Totschläger sein, d. h. ein Verbrecher.
Ihr aber tretet auf als »Kommando«, »Brigade«, »Armee«
macht »Gefangene«
steckt sie ins »Volksgefängnis«
und »exekutiert« sie.
Ihr seid keine Mörder, keine Verbrecher – meine Brüder –,
sondern Soldaten, Richter und Henker.
Wer versteht einen Henker?
Ausgeburten der Geschichte
die mich mir unverständlich macht:
Ich verstehe euch nicht
und verachte euch
wie eure Vorfahren

Die Farben:
ich bin da.
Ich bin am Fluß.
Am Fluß bin ich.
Ich gehe übers Schneefeld
Übers Schneefeld gehe ich

Tageslauf in einem Sommergarten

Am Nachmittag fielen ein paar Blätter
von den Akazien
Und am Abend schwankte die Lampe
im leeren Eßzimmer

Amsel auf dem Brunnendach,
Silhouette der Morgendämmerung.
Radfahrer am Kanal,
Silhouette des Abendwerdens.
Orion dann glitzernd hinter den
Apfelbaumzweigen,
Silhouette des Winters.

Bei Tage lief zwischen mir hier und dir hier
Die scheckige Katze durch.
In der Nacht dann
– o helle Körper –
Der dunkle Igel

Seltsam?

Der beim letzten Abendmahl
in der Armbeuge des Herrn
geruht hat,
Johannes,
hat dann die Apokalypse
geschrieben,
die Offenbarung?
Seltsam ist was?
Daß er in Jesu Armen
trostlos war,
oder daß die Apokalypse
die Offenbarung war,
oder umgekehrt?
Oder wieder umgekehrt?

Geht in der Sonne die Schöne vorbei,
Winke ich sie herbei!
Vorhaben wird Vorsatz.
Vorsatz wird Satz.

»Geht in der Sonne die Schöne vorbei,
Winke ich sie herbei.«

Glyzinien in der Landschaft!
Ein eigenes Hauptwort
ein eigenes Umstandswort
ein eigenes Anrufswort
ein eigenes Zeitwort möchte ich für euch bilden:
Glyzinien, Lippenblütentraubenkellerbottichgefügtheiten
sanftblaugreiffrisch
meine Gerechtigkeiten!
Flugherzt mich

Wohltat des mäandernden Flusses:
Helle Wohltat des Wassers
dunkle Wohltat des Erdreichs
Wohltat der Krümmung

Das Rauschen der Sommerbäume
das Rascheln der Herbstbäume
das Klicken der Winterbäume

Niemand da

Sprich mit den Gegenständen der Langsamkeit
Sprich mit dem Licht der Gegenstände der Langsamkeit
Sprich mit den Gegenständen im Licht der Langsamkeit

Ein aus der Brache ragender Felsen
Ein Kinderwagen obendrauf, unsichtbar hin- und
                                        hergeschoben:

Laß uns etwas tun!

He(y)-Lieder

»Hey Jude«
»Hey Joe«
»Hey Mr. Tambourine Man«
»Hey Bionda«
»Hey Mona«
»Hey Bonita«

Ich denke begeistert
doch ermangelnd der Liebe
und möchte ein Gedicht für dich schreiben

In der Stille: am Platz
In der Stille: die Ankunft
Schatzhaus der Stille

Abschied in der Basilika

Entschwebendes Gesicht – bunte Grimasse!
Im Augenblicksbild warst du für immer verloren
und deutetest mit Wirbeln statt Wangen
und Schlitzen statt Augen
die Maske an
Doch der steinerne Boden zu meinen Füßen,
die liegenden Steine bringen dich wieder näher
Mich in sie vertiefend
beschwere ich uns mit ihnen

Schöne Last unserer Köpfe
Nie wieder will ich Masken sehen

Österreichisches Gedicht

1
Im Gedicht kommen zwei sonst getrennte Dinge
                                                    zusammen
Ein Gedicht ist eine Verkündung

2
Jetzt!
Und das Morgenlicht im Holunderbusch

3
Der Akazienzweig in den Herbsthimmel gewirbelt
als Friedenszweig

4
Gestern im Zug der Roman »Plötzlich wie ein Fremder«
Heute auf dem Schneefeld ein fernes Sausen
das plötzlich auch in der Nähe war

5
Es ist manchmal schwer einen Schneemann anzuschauen
Aber dafür geht ein Kind mit kräftigen Schritten
eine Treppe hinauf

6
Am Vormittag in der Parfumwolke eines Landgendarmen
Am Nachmittag der Humor eines leuchtenden Kuhfladen

7
Das Pfeifen eines Zuges weit draußen in der Ebene
schließt am Abend das tagesoffene Innere

8
Die Sonne macht untergehend eine Bergkante sichtbar
und hinter den Lärchen erscheint der Mond:
Eins gibt das andre
und man freut sich

9
Eins gibt das andre
und man freut sich:
und die Freude gibt wieder ein andres

10
Das weiße Gesicht einer Meise
als Flocke in der Dämmerung

11
Zitronenfalter hier:
flatternd gelbes Büchlein
vom blauen Hemd dort

12
Hinter der Stadt Magnolia am Yukon in Alaska
rollte der Mond als Schaufelrad

13
Am Morgen noch sanftes Übersehen
der Hakenkreuze
Am Abend
der Augenblick der Philosophie

14
»Unter Gut verstehe ich hier jede Art von Freude
und ferner alles, was zur Freude hinführt«

15
»Unter Wirklichkeit und Vollkommenheit
verstehe ich ein und dasselbe«

16
Ich denke begeistert
doch ermangelnd der Liebe
und möchte ein Gedicht für dich schreiben

Das Ende des Flanierens

1
Dürftiges Alleinsein:
Kälte
Nacht
Belag auf den Lippen
Niedergeschlagene Augen

2
In der nieselnden Finsternis des Boulevard
an dich denkend
spüre ich die Innenseiten der Hände heiß werden
im Bedürfnis
dich zu umfassen
In Gedanken kratze ich dir die Kleider herunter
um dir näher zu sein

3
Wir tun als ob das Alleinsein ein Problem sei
Vielleicht ist es eine fixe Idee –
wie die Angst im Sommer zu sterben
wenn man schneller verwest

4
Frau von hinten:
Auch du
Kurzgeschorene mit dem starken Nacken
wirst eines Tages den *Verlust* erleben –
vorbei die Vorstellung der krachenden Guillotine
in deinen Halswirbelknochen

5
Métro Raspail:
In die unheimliche Dunkelheit
zieht es die Leute weg von der hellen Station
in die Métrotunnels
Und das schwache Licht mit ihnen
an den Tunnelwänden

6
Im Rinnstein fließt Wasser
schattenhaft über Stanniolpapier
und plötzlich tun die Zähne weh

7
Drei Totenschädel:
Im Café sitzen drei Burschen
und haben ihre Sturzhelme
mit offenem Visier
neben sich auf den Boden gestellt

8
Betrunken um Mitternacht:
In der Cafétoilette
gegen ein gotisches Kirchenfenster pissen
Und auf dem Heimweg
die hellerleuchtete Métro
weit weg am Ende der Straße
durch die Dunkelheit ziehen sehen
als bewegliche Leuchtschrift
mit den letzten Nachrichten des Tages

9
Samstagabend am Boulevard St. Germain:
Einerseits versammeln sie sich
vor der Volksmusik auf den Straßen
Andrerseits werden sie verrückt

10

He du an der Straßenecke:
die Geschichte von der Einsamkeit des modernen

Menschen

kennen wir ja inzwischen
Nun verschwinde auch du
nachts von den windigen Straßenecken

11

Schöne Unbekannte mit dem breiten Gesicht
die du drinnen im Restaurant
an der Zigarette ziehst:
Im Vorbeigehen auf der Straße
erkenne ich dein Gesicht
und es wird undeutlich –
aufblühend in meiner Erinnerung

12

Auf einem Klappsitz im Métrowagen
sitzt eine Frau mit geschlossenen Augen
als ob sie da auf den Tod warte
Daß im Supermarkt die Kassiererin
ihr einen Plastiksack hinwirft
ohne sich nach ihr umzudrehen
läßt sie erzittern vor still-triumphaler Genugtuung –
Und zu Hause riecht sie dann hilfesuchend
an dem Block Seife
die so beflügelnd *savon de Marseille* heißt
und an einer Scheibe frischer Butter
die mit einem Draht
von einem mächtigen Klumpen geschnitten wurde
und an einem noch vom Markt kalten Apfel

13
Anna Magnani in *Mamma Roma*:
Sie hat die Nachricht vom Tod ihres Sohnes empfangen
und erblickt durch das Fenster seines Zimmers
wo auf dem Bett noch seine Sachen liegen
die Neubauten des Stadtrands
und dahinter die erbarmungslose Kuppel der *Ewigen Stadt*:
hinausgetragen aus der begrenzten Welt
ins Universum des Schmerzes

14
Heute schauen mich die Leute
so freundlich an
wenn sie entgegenkommen –
Sind sie eingeweiht und also zuvorkommend
wie zu allen
bei denen es eine Zeitfrage ist?

15
Friedhof Montparnasse:
Es ist Nachmittag
und die Katzen springen zwischen den Gräbern
wie Lebensaugenblicke
Lebensaugenblicke springen wie Katzen
zwischen den Gräbern der großen Friedhöfe
Die trockenen Ahornsamenbüschel sirren
und die Wolken ziehen am Himmel

16
Zufrieden mit einer Arbeit
ging ich ins Café
Ich stand an der Musicbox
und an der Theke stand eine Frau mit weißen Stiefeln
Und eigentlich müßte dieses Gedicht jetzt weitergehen

17

Pilger mit den schmerzblinden Augen
Bevor du einschlägig bekanntgemacht bist
von den uferwechselnden Flaneuren:
Gesammelt an der Schreibmaschine
halte ich deine offiziell nicht bestätigte
Zwischenzeit fest
Unerschütterlich stehen meine Worte da
für dich
ohne mich

Gedicht an dic Dauer

Zur Erinnerung an René Kalisky,
an dessen verlassener Wohnung
ich kürzlich vorbeiging.

Schon lange will ich über die Dauer schreiben,
keinen Aufsatz, keine Szene, keine Geschichte –
die Dauer drängt zum Gedicht.
Will mich befragen mit einem Gedicht,
mich erinnern mit einem Gedicht,
behaupten und bewahren mit einem Gedicht,
was die Dauer ist.

Immer wieder habe ich die Dauer erfahren,
im Vorfrühling an der Fontaine Sainte-Marie,
im Nachtwind an der Porte d'Auteuil,
in der Sommersonne des Karstes,
im vormorgendlichen Heimweg nach einem Einssein.

Diese Dauer, was war sie?
War sie ein Zeitraum?
Etwas Meßbares? Eine Gewißheit?
Nein, die Dauer war ein Gefühl,
das flüchtigste aller Gefühle,
oft rascher vorbei als ein Augenblick,
unvorhersehbar, unlenkbar,
ungreifbar, unmeßbar.
Und doch hätte ich, mit ihrer Hilfe,
welchen Widersacher auch immer
anlachen und ihn entwaffnen können,
hätte die Meinung,
ich sei ein böser Mensch,
umgewandelt in die Überzeugung:
»Er ist gut!«,
wäre, gäbe es einen Gott,
das Gefühl der Dauer lang dessen Kind gewesen.

Noch gestern hörte ich auf dem Waagplatz in Salzburg,
in dem Geschiebe und dem Gerassel des immerwährenden
Einkaufstags,
eine Stimme wie vom entfernten Ende der Stadt her
meinen Namen rufen,
begriff im selben Moment,
daß ich den Text der *Wiederholung,*
mit dem ich zur Post unterwegs war,
am Marktstand vergessen hatte,
vernahm, zurücklaufend, jene andere Stimme,
welche vor einem Vierteljahrhundert,
in der Nachtstille eines Außenbezirkes von Graz,
vom entfernten Ende der leeren langen geraden Straße
ähnlich fürsorglich, wie von oben herab, mir entgegenkam,
und konnte da das Gefühl der Dauer umschreiben
als ein Ereignis des Aufhorchens,
ein Ereignis des Innewerdens,
ein Ereignis des Umfangenwerdens,
ein Ereignis des Eingeholtwerdens,
wovon?, von einer zusätzlichen Sonne,
von einem erfrischenden Wind,
von einem lautlosen, all die Mißtöne zurechtstimmenden
und einigenden zarten Akkord.

»Tage währts, Jahre dauerts«:
Goethe, mein Held
und Meister des sachlichen Sagens,
du hast es wieder einmal getroffen:
Die Dauer hat mit den Jahren zu tun,
mit den Jahrzehnten, mit unserer Lebenszeit;
die Dauer, sie ist das Lebensgefühl.

Unnötig vielleicht, zu sagen,
daß keine Dauer ausgeht

von den täglichen Katastrophen,
den sich wiederholenden Widrigkeiten,
den neuaufflammenden Kämpfen,
dem Zählen der Opfer.
Der wie üblich verspätete Zug,
das dich wieder einmal mit dem Pfützendreck
überschüttende Auto,
der dich mit dem einen Finger
über die Straße winkende schnurrbärtige Polizist
– an der Stelle des glattrasierten von gestern –,
die alle Jahre an einer anderen Stelle
wiederkehrende Stinkmorchel im Gartendickicht,
der dich allmorgendlich anknurrende Nachbarhund,
die mit jedem Winter neu aufjuckenden Kinderfrostbeulen,
die immergleichen Schreckensträume
vom Verlorengehen der Liebsten,
das ewige plötzliche Einanderfremdwerden
zwischen zwei Atemzügen,
das Elend der Heimkunft ins Heimatland
nach deinen Weltforschungsreisen,
jene Myriaden vorweggenommener Tode
in der Nacht vor dem ersten Vogellaut,
die tägliche Attentatsnachricht im Radio,
das täglich niedergefahrene Schulkind,
die täglichen bösen Blicke des Unbekannten:
Das alles vergeht zwar nicht
– wird nie vergehen, wird nimmer aufhören –,
doch es hat keine Dauerkraft,
es strahlt nicht die Wärme der Dauer aus,
es gibt nicht die Tröstung der Dauer.

Notwendig dagegen, zu unterscheiden:
Auch »des Augenblicks erstaunenswerte Wunder,
die sind es nicht, die das beglückende,
das ruhig mächtige Dauernde erzeugen«.

Hubert und Felix, als wir im letzten Sommer
entlang der türkischen Küste segelten,
ankerten wir in einer kleinen Bucht
und fuhren mit dem Schlauchboot ans Land.

Es war, wie all die zwei Wochen,
ein wolkenloser warmer leicht windiger Tag,
und wir wanderten über einen Hügelrücken zur
                                            Nachbarbucht.
Auf dem Weg sammelte ich den wilden Salbei und die Minze,
womit uns dann Felix, der kindliche Meisterkoch,
zurück auf dem Schiff, den Hummer gewürzt hat.
In der anderen Bucht stand ein Mandelbaum,
die Schalen halb offen wie Luftmuscheln.
Ich stieg hinauf und schüttelte die Äste,
daß es unten auf dem Boden
ein Prasseln und Klopfen gab,
welches mir heute noch,
zurück in der kontinentalen Kaltluft,
in meinen Ohren tönt.
Dann schwammen wir zu dritt im weinfarbenen Meer,
selig, und auch ein bißchen verlegen vor Seligkeit.
Auf dem Rückweg pflückten wir Weintrauben,
die sich hinaufflochten in die Manna-Eschen,
pflückten die gelben und bläulichen Feigen,
umsurrt von Hornissen,
bedrängt von den früchteneidischen Ziegenböcken,
pflückten die noch nicht reifen bekrönten Granatäpfel,
Insignien unserer puren Anwesenheit,
pflückten die langen schwarzen Schoten
vom Johannisbrotbaum,
die mit den glänzenden erbsenförmigen steinharten Kernen
                                                 darin,
kamen, alle Hände voll mit dem,
was der Ausklang eines einzigartigen Mahles werden sollte,

zurück zu unserem Ufer
und blieben noch lange dort,
den Blick auf das Schiff mit dem Sonnensegel,
und weiter im Kreis auf das hitzeflirrende
zikadenschrillende Landesinnere,
mit der byzantinischen Kirchenruine,
dem lykischen Sarkophag
– kieloben gestrandetes Steinboot,
kaum kenntlich unter den anderen Felsenformen –
und dem dunklen Bettzeug
der Sommernomaden der Jetztzeit
oben in den Kronen der Bäume,
in der Nase den Duft der Kräuter
und den Verwesungsgestank
von den Überbleibseln
– den Klauen, den Fellstücken, dem Blut –
der für uns Touristen hingeschlachteten Lämmer,
horchend auf das Plätschern des einen Brunnens
und die das Wasser umsurrenden
schlanken türkischen Hornissen.
Einmalig war dieser Vormittag,
und ich konnte, vergleichs- und mythenversessener Hubert,
dich da verstehen,
daß du den Schauplatz »biblisch« nanntest:
Weder Propheten noch Rahel am Brunnen
brauchten mehr aufzutreten –
er spielte für sich schon die Szene.
Doch mein Ergriffensein und meine Dankbarkeit,
sie waren nicht rein:
Sie wurden getrübt von einer Beklommenheit,
einer Wehmut, einem Schmerz,
die mich versteinerten.
Mir war, ich sei aus der Welt,
für immer aus ihr verstoßen,
hätte mit diesen Augenblicken

das Recht verloren, am Leben zu sein.
Es war mir zum Sterben,
und nicht etwa vor Glück.
Ich wollte mit dem Kopf in eine Schiffsschraube,
so wie ich einmal mit dem Kopf
durch das Glasfenster eines Aussichtsturms wollte,
auf solche Weise mich trennen von der Schönheit,
der Erde, dem Paradies,
der heiligen Stadt Zion, der trügerischen Liebe.
Und dieser Zustand verging nicht.
Für den Rest der Fahrt blieb ich abwesend,
die Augen aufgerissen vor Schwermut,
das Herz ein schwachböses Ticken,
ein Lebensgeist nur, wie so oft, bei der Arbeit,
im täglichen Winkel,
gebeugt über die Wörter,
die Ursprungsbezeichnungen,
die Urworte des Menschensohns Aischylos:
»Die Ganzmutter Erde«, »das Gelächter, unzählbar, der
                                        Meereswellen«,
dem sich erneuernden Schein
unsres »Wetterleuchtens« durch sein altes griechisches
                                        »Sternauge«.
Nein, schon am Tag des Erlebens war mir bewußt,
daß dem Wunder die Dauer fehlte.
Zwar konnte ich den Augenblick festhalten,
doch ich hatte, selbst dann,
nicht das Recht auf ihn.
Nach Hause, nichts wie nach Hause, so dachte ich,
zurück in den ärmlichen Garten,
welchen ich, mitsamt den da aufschießenden grauen
                                        Grasrispen,
den Löwenzahnsporen (obenauf noch der verschrumpelte
                                        Blütenrest),
den ihr Wurzelgeflecht immer weiter vorschiebenden

Brennesseln (Nistplatz der Schmetterlinge)
und den Tautropfen, hochaufgewölbt,
mit gespannter Silberhaut,
in den Blatttrichtern der Frauenmäntel,
im Stich gelassen hatte für diese
mir nicht bestimmte mittelmeerische Pracht,
versäumend das Aufblühen der lindblauen Käsepappel,
der purpurnen Malven, der weißwinzigen Thymianlippen,
das Reifen der Holundertrauben
(der ganze Busch voll schmatzender Amseln),
der Haselnußbündel mit ihren Halskrausen
(der ganze Busch voll spuckender Eichkatzen),
der Königinbirnen
(der ganze Baum voll nagender Wespen,
der ganze Boden voll speichelnder Schnecken)
und auch das herbstliche Knistern
der ersten welken Blätter im Nußbaum.
Ich habe es, wieder einmal, erfahren:
Die Ekstase ist immer zu viel,
die Dauer dagegen das Richtige.

Doch die Berufung auf den heimischen Garten,
sie soll nicht heißen,
daß Dauer erreicht werden kann
durch festen Wohnsitz
und durch die Gewohnheiten.
Zwar kommt sie aus den über die Jahre
geübten Tagtäglichkeiten,
ist aber unabhängig vom Bleiben am Ort
und von den vertrauten Gängen.
Nie habe ich die Dauer erfahren
an meinem Stammplatz
– in jenem »Stillesitzen«,
wodurch man angeblich »heilig« werde –,
nie habe ich die Dauer erfahren

an gleichweichen Stammtischen
– die entsprechenden Schilder,
jedes Wirtshaus in Ehren,
sind mir zuwider –,
habe nie die Dauer erfahren
im Verzehren der »Leibgerichte«,
im Anhören eines »Lieblingslieds«,
im Wandern auf »meinem« Weg.

Wohl ist die Dauer das Abenteuer des Jahraus-Jahrein,
das Abenteuer Alltäglichkeit,
aber sie ist kein Abenteuer des Müßiggangs,
kein Abenteuer einer (noch so aktiven) Freizeit.

Ist sie, demnach, mit der Arbeit verbunden,
der Mühe, dem Dienst, der steten Bereitschaft?
Nein; denn hätte sie eine Regel,
dann verlangte sie vielleicht nach einem Paragraphen
und nicht nach einem Gedicht.
Ich habe sie ja erlebt auch als Reisender,
als Träumer, als Lauscher,
als Spielender, als Betrachter,
auf einem Sportplatz, in einer Kirche,
in sehr vielen Pissoirs.

Nähern möchte ich mich trotzdem
dem Wesen der Dauer,
es andeuten können, ihm gerecht werden,
es zum Schwingen bringen,
es, das mir immer wieder den Aufschwung gibt.
Doch da stellt sich fürs erste nur eine Litanei
aus vereinzelten Wörtern ein:
Quelle, Neuschnee, Spatzen, Wegerich,
Morgenwerden, Abendwerden, Wundverband, Einklang.

Auf die Dauer ist kein Verlaß:
Nicht einmal der Fromme,
der täglich zur Messe geht,
nicht einmal der Geduldige, der Künstler des Wartens,
nicht einmal der Treue,
der ohne Beirrung immer für dich sein wird,
kann ihrer ein Leben lang sicher sein.
Zu wissen glaube ich,
daß sie möglich nur wird,
wenn es gelingt,
bei meiner Sache zu bleiben
und dabei behutsam zu sein,
aufmerksam, langsam,
voll Geistesgegenwart bis in die Fingerspitzen.

Und was ist die Sache,
bei der ich zu bleiben habe?
Sie wird in der Zuneigung
zu den Lebendigen erscheinen
– dem einen von ihnen –
und in dem Bewußtsein einer Verbundenheit
(und sei es bloß Einbildung).
Diese Sache, sie ist nicht groß,
nicht besonders, nicht ungewöhnlich, nicht
                                        übermenschlich,
nicht Krieg, nicht Mondlandung,
nicht Entdeckung, nicht Jahrhundertwerk,
nicht Gipfelbesteigung, nicht Kamikazeflug:
Ich teile sie mit den Millionen,
mit dem Nachbarn ebenso
wie mit den Bewohnern des Randes der Welt,
wo durch die gemeinsame Sache
die gleiche Mitte der Welt entsteht
wie hier bei mir.

Ja, diese Sache, der mit den Jahren die Dauer entspringt,
sie ist wesentlich unscheinbar,
der Rede nicht wert,
wohl aber des Festhaltens durchs Schreiben:
Denn sie muß meine Hauptsache sein.
Sie muß meine wahre Liebe sein.
Und ich muß,
damit mir die Dauermomente entspringen
und meinem starren Gesicht eine Prägung geben
und meiner leeren Brust ein Herz einsetzen,
meine Liebe,
unbedingt,
üben, jahraus und jahrein.
Bei der Sache bleibend,
die mir lieb und die Hauptsache ist,
solcherart ihr Verjähren verhindernd,
fühle ich dann vielleicht,
und ausschließlich unvermutet,
den Schauder der Dauer,
und jedesmal am Nebensächlichen,
beim behutsamen Schließen einer Tür,
beim sorgfältigen Schälen eines Apfels,
beim aufmerksamen Überschreiten einer Schwelle,
beim Sichbücken nach einem Nähfaden.

Das Gedicht von der Dauer ist ein Liebesgedicht.
Es handelt von einer Liebe auf den ersten Blick,
welchem noch zahlreiche solcher ersten Blicke nachfolgten.
Und diese Liebe,
sie hat die Dauer in keinem Akt,
vielmehr in einem Vorher und Nachher,
wo, durch den anderen Zeitsinn des Liebens,
das Vorher auch Nachher
und das Nachher auch Vorher war.
Wir hatten uns schon vereinigt,

bevor wir uns vereinigt hatten,
vereinigten uns weiter,
nachdem wir uns vereinigt hatten,
und lagen so jahrelang,
Hüfte an Hüfte, Atem in Atem,
nebeneinander.
Deine braunen Haare färbten sich rot
und erblondeten.
Deine Narben vermehrten sich
und wurden dann unauffindbar.
Deine Stimme zitterte,
wurde fest, flüsterte, bebte,
geriet in einen Singsang,
war der einzige Laut in der weltweiten Nacht,
schwieg, mir zur Seite.
Deine glatten Haare kräuselten sich,
deine hellen Augen dunkelten,
deine großen Zähne wurden klein,
die gespannte Haut deiner Lippen
bekam ein feines weichgezeichnetes Muster,
an deinem immerglatten Kinn
ertastete ich eine niedagewesene Grube,
und unsere Körper, statt dem anderen wehzutun,
fügten sich spielend in eins,
während sich an der Zimmerwand,
im Laternenlicht von der Straße her,
die Schatten der Gartenbüsche Europas bewegten,
die Schatten der Bäume Amerikas
die Schatten der Nachtvögel von überall.
Doch die Dauer,
sie ist nicht gebunden an die Geschlechterliebe.
Sie kann, in der gleichen Weise,
dich umfangen in der stetig geübten Liebe zu deinem Kind,
Und auch da nicht etwa im Hätscheln,
Streicheln und Abküssen,

sondern wieder allein auf dem Umweg über die
Nebensachen,
auf dem Königsweg über ein Drittes!,
den Liebesdienst,
womit du dem Kind, ihm dienend,
die Ruhe läßt:
Die Dauer mit deinem Kind,
sie lebt vielleicht auf
in den Augenblicken des geduldigen Zuhörens,
in dem Augenblick, da du,
mit der gleichen bedachtsamen Geste,
mit der du vor einem Jahrzehnt
den blauen Kapuzenmantel »in Kindergröße«
über den Bügel hängtest,
jetzt die braune Wildlederjacke »in Erwachsenengröße«
über einen ganz anderen Bügel in einer ganz anderen Stadt
hängst,
die Dauer mit deinem Kind,
sie kann dich überwältigen,
sooft du, seit Stunden eingeschlossen ins Zimmer,
mit einer dir nützlich dünkenden Arbeit,
in der Stille den dir zur Richtigkeit des Ganzen
noch fehlenden Zusatz,
das Geräusch der sich öffnenden Haustür hörst,
Zeichen der Heimkehr,
welches dir da,
Geräuschempfindlichster der Geräuschempfindlichen,
bist du nur zugleich recht bei der Sache,
als die schönste Musik erklingt.
Und die Dauer mit deinem Nachkommen,
du erfährst sie am stärksten vielleicht,
wenn du dich unsichtbar machst:
ihm insgeheim nachschaust auf seinem tagtäglichen Weg,
dem Bus, in den er gestiegen ist, vorausgehst,
um dann in der Reihe der Fremden am Fenster

das eine vertraute Gesicht
vorüberfahren zu sehen,
oder dir auch bloß aus der Ferne vorstellst,
ihn unter den andern, geschützt von den andern,
geachtet von den andern,
im Gedränge der Untergrundbahnen zu sehen.

Für solche Momente der Dauer
erlaubt sich das Gedicht ein besonderes Zeitwort:
Sie bestirnen dich.

Aber auch dir selber geneigt bleiben über die Jahre,
kann dir Dauer geben.
Mir freundschaftlich in die Augen blicken zu können,
spricht mich manchmal frei.
An das Kind denken zu können,
welches ich war,
heißt schon, es wiederzufinden.
Nachsicht zu üben mit meinen Mängeln
(nicht meinen Übergriffen),
mich, geschieht mir das Unrecht, zu begütigen
als mein einziger Angehöriger,
mir, im Triumph über ein glückliches Wort
an der richtigen Stelle,
auf die Brust zu trommeln
und durch mein Urwaldzimmer ein »Ja« zu brüllen,
kann mich verjüngen
wie eine Flasche köstlichsten Weins
(mit anderer Nachwirkung).

Eigentümlich auch das Dauergefühl
angesichts mancher kleinen Dinge,
je unscheinbarer, desto ergreifender:
Jenes einen Löffels,
der mich durch all die Umzüge begleitet hat,

jenes einen Handtuchs,
welches in den verschiedensten Badezimmern hing,
der Teekanne und des Flechtstuhls,
jahrelang abgestellt in einem Keller
oder irgendwo eingelagert,
und jetzt endlich wieder am Platz,
zwar einem andern als dem angestammten,
und trotzdem auf dem ihren.

Und schließlich:
Wohl einem jeden, der seine Orte der Dauer hat;
er ist, und sei er für immer versetzt in die Fremde,
ohne Aussicht auf Rückkehr in seine Umgebung,
kein Heimatvertriebener mehr.

Und auch die Orte der Dauer sind glanzlos,
sind oft auf keiner Karte verzeichnet
oder haben da keinen Namen.

Den »Griffener See« kennt kein Auswärtiger,
und selbst manche Kinder meines Geburtsdorfs
wissen heute wohl nicht mehr,
daß in ihrer Nähe ein See ist,
von dem es, zwischen den Kriegen,
noch Ansichtskarten gab mit Seerosen
und dem Aufdruck »Griffen am Griffener See«.
Und doch ist die verlandende Lache,
welche bald völlig verschwunden sein soll
– so denken die Trassenplaner der Autobahn –,
ein großer Ort der Dauer für mich.
In der Kindheit begleitete ich den Großvater
dorthin zum Futterschneiden.
Der See lag, jenseits der asphaltierten Durchfahrtsstraße
und dann noch jenseits der geschotterten »Alten Straße«,
verborgen in einer Senke am Fuß jenes Bergs,

nach dem eine Schlacht des Mittelalters benannt ist,
»die Schlacht am Wallersberg«,
und welchen ich immer wieder durchstreifte
auf der Suche nach den verrosteten Waffenresten
aus jenem vierzehnten Jahrhundert.
Wir stießen vom Ufer ab
in einem fast viereckigen Nachen,
der in der Mundart »Schinakel« hieß,
und stakten durch dichtes Schilf hinaus zu der Stelle,
die unser Pachtbezirk war,
und wo die grünlichen saftigen Wasserpflanzen standen,
der »Hasch«, ein Lieblingsfressen der Kühe,
eine gute Würze der Milch.
Im Augenblick liegt ein Halm, längst vertrocknet,
neben mir auf dem Schreibtisch,
aufgelesen in einem ganz anderen See,
dem See von Doberdob bei Triest,
dem einzigen Karstsee.
Das Exempel, es knistert in meinen Händen,
und ich höre wieder die Frühregentropfen von damals
in unseren Nachen fallen.
Er ist getigert, oder auch nur stockfleckig,
und sowie ich ihn aufbreche,
staubt es aus seinem Mark,
welches süß riecht, süßer als jedes Stroh,
und an dem ich jetzt neu das Malmen der Rindszähne höre.
Jene Ernten geschahen im Sommer, im Morgengrauen,
mit der Sichel,
und während einer solchen Ausfahrt
hauchte zu Hause die kranke Gattin des alten Mannes
lautlos ihr Leben aus.
Der Nachen war mit der Zeit nicht mehr dicht,
und schwarzer Schlamm quoll durch die Ritzen,
mit Blutegeln darin,
die der Großvater dem Kind und sich

an die gleichermaßen weißen Knechtsbeine setzte,
weil das gesund sei:
Warten auf den Moment,
da die wurmkleinen Tiere,
an der Haut haftend,
sich mit einem scharfen Stich darin festbissen
und zusehends aufquollen,
größer als nacktschneckengroß.
Heutzutage ist der den See durchfließende Bach kanalisiert,
und das von dem Gewässer noch Übrige
den Augen entzogen durch Schilf und Gestrüpp.
Das Boot der Familie hat übergesetzt über die Landes-
                                                grenze,
an den *Lago di Doberdò,* oder im ortsüblichen Slowenisch:
                            Doberdobsko jezero,
wo ein Erlenstock als Ruder dient
und die Wasserläufer die Egel ersetzen.
Doch an den beiden Seen herrscht
die gleiche liebliche Stille der Dauer,
und sooft ich kann, will ich hierhin wie dorthin pilgern.
In der Stille an diesen Seen
weiß ich, was ich tue,
und indem ich weiß, was ich tue,
erfahre ich, wer ich bin.
Ich stehe an ihren Ufern,
die Augen und Ohren offen,
und lasse es Abend werden.
Vielfältig die Geräusche der Wasservögel,
durch welche die Stille geräumig wird:
Ich lerne von ihr.
Im Dickicht, tief eingedrückt in den Schlammboden,
die Spuren von Wildhufen.
Eines Tages, in meiner Liebe zum Griffener See,
stapfte ich in dem Abflußbächlein stromauf
– denn es gibt durch den See keinen anderen Weg –

und trübte mit meinen Schritten das klare Wasser;
Sandwolken, die vom Grund aufstiegen,
glitzernd von Glimmer,
mir die Hüften umgürtend,
ein silbriges Korn, vielleicht bestimmt
für das Schwarze Meer.

Im Gegensatz zu diesem verschwindenden See
ist die Porte d'Auteuil eingezeichnet auf jedem Plan von
Paris:
Sie hat ihre Bedeutung als eine der Westpforten der Stadt,
wurde aber für mich mit den Jahren noch mehr.
Viele der Stadtstraßen, aus Ost, Nord und Süd,
werden da aufgenommen von einem weiten gewölbten
Platz,
über den es hinausgeht
nach Boulogne, Saint-Cloud und Versailles
und weiter in die Normandie und ans Meer.
Davon ist in dem beständigen Tosen und Dröhnen der
Fahrzeuge
– auch dem Rumpeln der altertümlichen Züge am kleinen
Sackbahnhof –
unter dem Stadtrandhimmel
eine immer neu aufwallende Ahnung,
während das Offensichtliche hinter dem Platz
zunächst nur der Bois de Boulogne ist,
mit seinen sehr hohen Kiefern, Zedern und Platanen,
so als sei die Porte d'Auteuil ein Übergang, unmittelbar,
von der Metropole hinein in den Tropenwald.
Auch dieser Platz in der Fremde ist,
wie der Griffener See,
inzwischen mein weltlicher Wallfahrtsort,
zu dem ich, in Abständen, mich auf den Weg mache,
weil ich mir von ihm das Wunder der Dauer erwarte
(ohne dessen freilich sicher zu sein).

Durch die Nähe des Prinzenparkstadions
und der Pferderennbahn
ist die Pforte von Auteuil frei von allem Pariserischen;
ein Stadtrandlokal ist die »Epsom Tavern«,
ein Sportgeschäft folgt dem andern,
und die mächtigen düsteren Bürgerburgen
könnten in Mailand stehen.
Dieser Platz ist,
Voraussetzung für das Ereignis der Dauer?,
ein vollkommenes Muster der Allerwelt.
In der Nacht, zugleich mit dem im Rinnstein
rinnenden Wasser,
pendeln die Kugeln in den Platanen,
wehen die Ligusterbüsche,
springen, gestaffelt im nachtschwarzen Raum,
unaufhörlich die Farben der Ampeln um,
wie bei einem Spielautomaten,
an welchem ich mich niemals sattspielen werde,
und brausen, wie Luft holend,
von überallher die Autos und Busse
mit ihren gelben französischen Scheinwerferlichtern,
daß der Betrachter unter seinen Sohlen
ein Asphaltbeben spürt.
Obwohl ich erst als ein Dreißigjähriger
an diese Stelle kam,
ist mir, als hätte ich da meine Jugend verbracht
und verbrächte sie allda immer noch,
und selbst die Widrigkeiten
– mein Um-den-Platz-Irren in Herzangst,
die rollenden Panzer der Nationalfeiertage,
den Straßenbelag zerfurchend und zerfetzend,
die Fußballbetrunkenen mit ihren Whiskyflaschen im
                                                    Schlund,
jener eine Verkehrsteilnehmer,
der aus dem Wagen sprang

und seinem Widersacher die Pistole vorhielt –
können meinem Vertrauen zu dem Ort der Dauer nichts
anhaben.
Ich wünsche, dort noch oft den Anhauch der Dauer zu
spüren.

Mein Hauptort der Dauer aber
ist die Fontaine Sainte-Marie
in dem Vorstadtwald von Clamart und Meudon.
Sie entspringt in einer Lichtung des Walds,
in einem Grasdreieck gebildet aus sich schneidenden
Wegen,
mit einem kleinen Wirtshaus am Rand, einem Gartenlokal,
außen rotgefärbte Steinbaracke,
innen wohnlich,
wovon man sommers und winters den Blick auf Quelle,
Lichtung und einen in den Horizont führenden
lehmgelben Dammweg hat.
Gefragt, wo meine Mitte der Welt sei,
würde ich die Fontaine Sainte-Marie nennen.
Und sie ist in der Tat eine Mitte;
denn an ihr machte ich jedesmal Rast,
wenn ich, von der Vorstadt Clamart,
durch den Wald ging,
um in der nächsten Vorstadt, Meudon,
das Kind von der Schule abzuholen,
und wiederhole diese Strecke jetzt,
wann immer ich kann.
Im nahen Paris fließt die Seine,
fließen die Wasser im Rinnstein,
doch sonst weit und breit nichts.
Die paar einstigen Bäche münden unter der Erde,
sind übermauert.
In der Fontaine Sainte-Marie
ist mir die einzige Quelle der Weltstadt begegnet,

das einzige natürliche, lebendige Rinnsal.
Nähere ich mich ihm,
niemals abgesetzt von einem Fahrzeug,
immer zu Fuß,
kann ich, schon an der Schwelle des Walds,
auf eine Anziehung hoffen,
in der alles übliche Gegrübel abläßt von mir
und mein Denken das reine Bedenken der Welt wird.
An die Stelle des Geredes in mir,
der Marter aus vielen Stimmen,
tritt die Nachdenklichkeit,
eine Art erlösenden Schweigens,
aus welchem dann doch, bei der Ankunft am Ort,
ein ausdrücklicher, mein höchster Gedanke sich
                                    aufschwingt:
Retten, retten, retten!
In einem so sanften wie gewaltigen Ruck
runden sich die Augen,
und knirscht es in den Gehörgängen,
und ich feiere in der Lichtung
das Dankfest der Hiesigkeit.
Der schwarze Dobermann mit seinen knickenden Beinen
mag mir jetzt ruhig in den Kniekehlen schnüffeln.
An gewissen Tagen ist das Wirtshaus geschlossen,
zu manchen Jahreszeiten die Quelle versiegt
– wird vielleicht bald für immer unter Beton sein –,
aber das tut nichts zur Sache:
Hier ist er ja, der Dauerort,
wo ich damals wie jetzt meinen Bogen beschreibe,
mit der Erde in der Gestalt der sich sträubenden
Haselkätzchen im Vorfrühling,
mit der Menschheit in Form der den Kinderwagen
auf dem Dammweg an der langen Mauer vorbei
in den Horizont hinein schiebenden Frau.
Arthur, als ich zuletzt in Paris war,

hatten wir abgemacht,
gemeinsam wieder einmal zur Fontaine Sainte-Marie zu
gehen.

Doch dann, mit dir dort,
nach einer guten Stunde zusammen,
drängte es mich, anders als beschlossen,
auf dem Weg allein weiter,
und ich schickte dich heim.
Du verstandest
– Übersetzer nicht von Beruf,
sondern von Herzen,
Mitdenker, Schauspieler des Textes, Freund –
ohne Erklärung, und trolltest dich,
lachend und winkend, zurück in die Stadt,
zu deiner Porte des Lilas, der Ostpforte, dem Fliedertor,
sehntest dich wohl, genauso wie ich,
allein in Begleitung der Dauer zu sein.
Ja, Fontaine Sainte-Marie, oder Porte des Lilas,
ihr seid geliebt.

Doch das leibhafte Reisen,
das alljährliche Pilgern und Wallfahrten,
um den Ruck der Dauer,
den begeisternden Zusatz,
tut es mir wirklich noch not?
Erinnere dich an den Neidstich von früher,
sooft du auf den Straßen deines seit Erzbischofszeiten
den Geist verbannenden Wohnorts
jene Leute mit dem (leichten) Gepäck
unterwegs zu den Bahnsteigen sahst,
und an das Ziehen in der Brust
bei der Vorstellung, in der ihre Schleife westwärts
durch den Himmel beschreibenden Abendmaschine zu
sitzen.
Inzwischen brauche ich meine Weltreisen

zu den Stätten der Dauer nicht mehr.
Auch in der Abwesenheit, plötzlich,
wenn ich mir Zeit lasse,
beim gemächlichen Einschrauben einer Glühbirne,
beim Wiegen eines Steins in der Hand,
bei einem sorgfältigen Handgriff,
bemächtigt sich meiner, vielleicht,
die rauschende Stille am Griffener See,
grenzt an den von den Fiakerkutschen bimmelnden
                                        Residenzplatz
das Getümmel und Gewoge der Porte d'Auteuil
richte ich mich, alterslos, auf
am Dreieck der Fontaine Sainte-Marie.
Ich habe mich erzogen
zur Erwartung der Dauer
ohne den Aufwand der Pilgerfahrt.

Doch das bloße Zuhausehocken genügt nicht;
Ich muß der Dauer entgegengehen.
Dem entgegenzugehen, was mir lieb ist,
oder darauf zugehen,
das beatmet mich,
stärker und nachhaltiger als jeder Dauerlauf.
Nicht zum im Haus Sitzenden,
sondern zum heimwärts Wandernden
tritt die Dauer hinzu,
wie zum hilfsbedürftigen Odysseus
seine göttliche Freundin Pallas Athene.
Aber auch daheim gesellt sie sich immer wieder zu mir,
wenn ich draußen im Garten auf und ab gehe,
im Schnee, im Regen, in der Sonne, im Sturm,
angesichts des wogenden Buchsbaums,
der von Spinnennetzen durchzogenen Eibe,
der den Luftraum durchtauchenden,
laut Sohar »die Stimme lenkenden Vögel des Himmels«,

oder wenn ich mich drinnen im Zimmer
an den sogenannten Arbeitstisch setze –
hier jedoch nicht bei meiner Sache, dem Text,
sondern wiederum bei all dem bewährten Nebenbei,
dem Zurückschieben des Stuhls,
dem Seitenblick in die Lade,
mit den sich im Lauf der Jahre ansammelnden
                                    Bleistiftstummeln,
dem Seitenblick in das Fach
mit der im Lauf der Jahre vermehrten Riege der Brillen,
den Seitenblicken hinaus ins Freie,
wo die Katzen ihre Spuren
durch den tiefen Schnee und das hohe Gras ziehen,
im Ohr das Pfeifen und Holpern der
die Ebene durchrollenden Eisenbahnen,
je nach dem Wind aus verschiedenen Richtungen.

Dauer, meine Ruhe.
Dauer, mein Rastplatz.

Zeitruck der Dauer, du umgibst mich
mit einem beschreiblichen Raum,
und das Beschreiben schafft dessen Folgeraum.

Wahr bleibt:
Die Dauer ist kein Gemeinschaftserlebnis.
Sie bildet kein Volk.
Und trotzdem bin ich im Zustand der Gnade der Dauer
endlich nicht bloß ich allein.
Die Dauer ist meine Ablöse,
sie läßt mich gehen und sein.
Von der Dauer beseelt,
bin ich auch jene andern,
welche schon vor meiner Zeit an dem Griffener
                                    See standen,

welche nach mir die Porte d'Auteuil umkreisen werden,
mit denen allen ich zu der Fontaine Sainte-Marie
gegangen sein werde.
Von der Dauer gestützt,
trage ich Eintagswesen
meine Vorgänger und Nachfolger auf meinen Schultern,
eine erhebende Last.
Darum war die Dauer eine Gnade zu nennen,
und haben nicht auch ihre Bilder und Töne
den entsprechenden Schimmer und Klang?:
Der in die Morgenpfützen fallende Abendregen,
der in die Teekanne wehende Schnee,
die immergleichen Aufschriften auf den Speditionslastern,
welche auf der Autobahnbrücke über die Salzach brausen.

Der Ruck der Dauer,
er stimmt für sich schon ein Gedicht an,
gibt einen wortlosen Takt,
mit welchem,
befreiende Zutat,
in meinen Adern der Puls eines Epos schlägt,
worin das Gute am Ende doch siegen wird.

Mit der Handauflegung der Dauer
schließt sich die Wunde,
welche mir erst bewußt wird,
indem sie sich schließt.

Der Anstoß der Dauer ist das,
was mir gefehlt hat.
Wer nie die Dauer erfuhr,
hat nicht gelebt.

Die Dauer entrückt nicht,
sie rückt mich zurecht.

Aus dem Scheinwerferlicht des Tagesgeschehens
flüchte ich entschlossen ins ungewisse Lager der Dauer.

Dauer ist der Fall,
wenn ich an dem Kind,
welches kein Kind mehr ist
– vielleicht schon ein Greis –,
die Augen des Kindes wiederfinde.

Dauer ist nicht im unvergänglichen
vorzeitlichen Stein,
sondern im Zeitlichen,
Weichen.

Tränen der Dauer, allzu selten!,
Tränen der Freude.

Unzuverlässige, nicht zu erbittende,
nicht zu erbetende
Rucke der Dauer:
Ihr seid nun gefügt
zum Gedicht.

»Kein Bild wird die Intuition der Dauer ersetzen, doch viele verschiedene Bilder, entnommen den Ordnungen sehr unterschiedlicher Dinge, könnten, in ihrer Bewegung zusammenwirkend, das Bewußtsein genau an jene Stelle lenken, wo eine gewisse Intuition faßbar wird.«

Henri Bergson

Leben ohne Poesie

Blaues Gedicht

Tief in der Nacht
wurde es schon wieder hell
Von außen her eingedrückt
fing ich bei Bewußtsein
zu klumpen an
Gefühllos zuckte das Glied
sich von Atem zu Atem
größer
»Nur jetzt nicht aufwachen!« dachte ich
und hielt den Atem an
Aber es war zu spät
Die Unsinnigkeit war wieder angebrochen

Noch nie fühlte ich mich so
in der Minderheit
Draußen vor dem Fenster
war nichts als die Übermacht
Zuerst sangen ein paar Vögel
dann so viele
daß aus dem Singen
Lärm wurde
die Luft ein Schallraum
ohne Pausen und Ende
Vor Bedrückung
gab es plötzlich keine Erinnerung mehr
keinen Zukunftsgedanken
Ich lag langausgestreckt in meiner Angst
getraute mich nicht
die Augen zu öffnen
erlebte wieder die Winternacht
als ich mich kein einziges Mal
von der einen Seite

auf die andere drehte
gekrümmt damals in der Kälte
jetzt ausgestreckt
analphabetisch von der Entsetzlichkeit außer mir –
Die Luft
wie hoch sie schrillte!
Und dann
auf einmal
vor dem Fenster ganz nah
ein tieferes Pfeifen im Vogellärm
eine Musicboxmelodie –
»Ein Mensch!« dachte ich
buchstabierend vor Todesangst
und schmorte zusammen
ohne mich zu bewegen
»Der von dem wesenlosen Monstrum zu Ermordende
im menschenleeren Vormorgenlicht...«
Angstschwaden stiegen auf von der Kellertreppe
und die Vernunftsperson in mir horchte:
die Melodie wiederholte sich
wiederholte sich –
»So eintönig pfeift kein Vogel
das Unwesen will mich verhöhnen
es grinst
mit stockschwarzen Lippen«
dachte ich
Das Licht
wenn ich blinzelte
hatte eine Farbe aus der Zeit
als ich noch an die Hölle glaubte
und das pfeifende Monster vor dem Fenster
schüttelte lautlos die Handgelenke
als ob es nun Ernst machen wollte
»Sang das damals nicht Freddy Quinn?«
dachte ich

»Welcher Vogel nur?« die Vernunftsperson
Dann erwachte das Kind nebenan
und rief
daß es nicht schlafen könne
»Endlich!« sagte ich
ging zu ihm
und beruhigte es
voll Egoismus
Eine Garagentür schlug
der erste Frühaufsteher mußte zur Arbeit
Am Abend des folgenden Tages fuhr ich weg

Die ungeebneten langhügligen Plätze
in der großen zierlichen Stadt
diese Wiederholung des freien Landes
mit seinen Hügelhorizonten
inmitten der Häuser
das in die Stadt hinein
auf diese Plätze
fortgesetzte Land
in dem man wie sonst nirgends
die Horizontsehnsucht kriegte ...
Wenn ich aus den Untergrundschächten stieg
war es in diesem Stadtteil
düster von Regenwolken
und im nächsten
waren schon die Laternen an
Aus dem Bauch herauf
strahlte ein Lebensgefühl
daß ich auflachte
Stunden vergingen in den Straßencafés
beim Biertrinken
Ich schaute
und erinnerte mich
erinnerte mich schauend

schaute
ohne mich zu sehnen
auch die Erinnerung
ohne Sehnsucht
Ich wollte nichts fixieren
ging in kein Kino
blieb auf der Straße
blinzelte
sooft ich vor Schauen
begriffstutzig wurde
Aber ich konnte schauen und schauen
ohne sprachlos zu werden!
Jeden ließ ich gelten
und verstand ihn –
da jeder mir fremd war
Ich hätte mich sogar
mit meinem Mörder verständigen können
Er war mein Ebenbild
Unaufhörlich erschienen weit weg neue Autos
aus der Tiefe des buckligen Platzes
der Abendhimmel war so blau
daß mir selbst der aufs Trottoir scheißende Hund
verzaubert vorkam
Ich schüttelte ungläubig den Kopf
auf einmal war ich das objektive Lebendige
Seltsam vergessen lag das Glied
zwischen den Beinen
Aus der tiefsten Tiefe
stieg die Freude herauf
und ersetzte mich
»Ich bin glücksfähig!« dachte ich
»Beneidet mich doch!«

Tagelang war ich außer mir
und doch so

wie ich sein wollte
Ich aß wenig
trank wenig
sprach nur mit mir –
bedürfnislos vor Glück
vor Neugier nicht ansprechbar
selbstlos
und selbstbewußt
in einem
das Selbstbewußtsein
als das INNIGE
an der Selbstlosigkeit
ich
als beseelte Maschine
Alles geschah zufällig:
daß ein Bus hielt
und daß ich einstieg
daß ich bis zur Gültigkeitsgrenze der Fahrkarte fuhr
daß ich durch die Straßen ging
bis die Gegend anders wurde
daß ich in der anderen Gegend weiterging
Ich lebte
wie es kam
zögerte nicht mehr
reagierte unvermittelt
erlebte nichts Besonderes
– kein »Einmal sah ich« –
erlebte nur
Die Katzen schnüffelten in den Mausoleen
der großen Friedhöfe
Sehr kleine Paare saßen in den Cafés
und aßen gemeinsam Salade Niçoise...
Ich war in meinem Element
glucksend

Aber in den Träumen
war ich noch nicht interesselos
Ich schämte mich nicht
ärgerte mich nur
Ich versetzte mich in Wunschlosigkeit
indem ich viel trank
Die zuckenden Wimpern wurden lästig
Die Vorbeigehenden waren Statisten
die sich wie Hauptdarsteller verhielten
»Levi's-Jeans-Menschen!« dachte ich
»Werbeflächenkörper!«
– »Womit schon alles über euch gesagt ist«
dachte ich
ohne die frühere Sympathie
Aus Mißmut wurde ich äußerlich
Was ich nur sah
glaubte ich auch zu betasten
so haarig
und widerborstig
kam es mir vor
Als ich einmal bezahlte
kräuselte sich der Geldschein
im Atem des Verkäufers
wie die Raupe
auf einer Herdplatte
Ich fühlte mich in meiner Haut
nicht wohl
es juckte überall
Ich schwitzte nicht mehr so unbekümmert
Die Gesichtszüge
an den falschen Stellen...
Und die vom Hundedreck
verschnörkelten Boulevards...
»Welche Zumutung
von euch aus Afrika importierten Burschen

mit solch animalisch abwesenden Augen
vor mir den Rinnstein zu kehren!«
Ich gab auf
und fuhr weg in eine andere Stadt
wo ich Freunde hatte

Empfindungsloser Transportgegenstand
in Transportmitteln
Selbstvergessen
bis auf die Geruchsanfälligkeit der Hand
für die Butter
und den wie schon seit jeher so liegenden
Aufschnitt
unter dem Plastikdeckel
und für das Erfrischungstuch!
Umsorgt
ja
als jemand Zahlender
Behaustheit
ja
eines Teils einer Einheit
Immerhin:
eine andere Unsinnigkeit
ohne Todesangst
Mein Herz schlug niemandem entgegen
und die Stadt war mir wieder fremd
vor lauter vertrauten Wahrzeichen
Ab acht Uhr abends
waren schon die Haustore zu
und ich telefonierte
um hineinzukommen
In der dunklen Wohnung des Freundes
saß ich geistesabwesend
mit summenden Ohren
und hörte die seelenlose eigene Stimme

Im Glück konnte ich mich nur ans Glück erinnern
im Unglück nur ans Unglück
Apathisch erzählte ich
wie gut es mir gegangen war

Dann
redeten wir über das Vögeln
Aus den sexuellen Ausdrücken
gewannen wir die Ungezwungenheit für alles weitere
Dazukommende begrüßten wir schon mit Anzüglichkeiten
und sie verloren befreit
ihre Fremdheit
In den Vorstadtweinhäusern
noch während wir eintraten
setzten wir unsre Phantasien dort fort
wo wir sie beim Parkplatzsuchen
unterbrochen hatten
Alles ohne Geilheit
In den Oberdecks der Busse
schmunzelten die wildfremden Leute
wenn sie uns zuhörten
und fühlten sich heimisch bei uns
Welcher Exhibitionismus
sobald einer von uns
plötzlich von etwas anderem sprach!
Aber es gab immer jemand
der im vermeintlich anderen
die Anspielung auf das Geschlechtliche fand…
Dabei sprach niemand von sich
wir phantasierten nur
nie die Peinlichkeit wahrer Geschichten
Wie da die Umwelt aufblühte
und die Lust an nichts als der Gegenwart:
die Herzlichkeit des sauren Weins in den
zylindrischen Gläsern

Nur nicht aufhören
bitte nicht aufhören!
In den Zoten
ordneten sich die unbeschreiblichen Einzelheiten
der finsteren Neuzeit
zu ihrem verlorenen Zusammenhang
Hallo
der Sinn ist wieder da!
Endlich nicht mehr um Mitternacht
mein bekümmertes Gesicht sehen zu müssen
Auch alleingelassen
saß ich wohlbehütet
in meinen Nachgedanken
Ruhig betrachtete ich
die weggestreckte Ferse
die vom Herzschlag zuckte
Ich fühlte mich wohl
indem ich nichts von mir fühlte
»Mein Schwanz« sagte ich
unpersönlich

Dann wurde es ernst
und der Ernst kam so jäh
daß ich mich gar nicht
gemeint fühlen wollte
Dann wurde ich neugierig
dann rücksichtslos
Ich würde mit einer Frau auf die nächste Toilette
gehen
Aus die Tändelei
keine Zoten mehr
keine Pointen
statt »vögeln« sagte ich jetzt
»mit dir schlafen«
– wenn ich überhaupt etwas sagte

Ich schnitt die Fingernägel rund
um dir nicht allzu weh zu tun
In der Geilheit
konnte ich plötzlich nichts mehr
beim Namen nennen
Davor hatte sich in dem Unverfänglichsten
eine Metapher für Sexuelles gefunden
jetzt
beim Erleben
erlebten wir die sexuellen Handlungen
als Metaphern für etwas anderes
Die Bewegungen erinnerten mich
an was?
Die Geräusche waren wie Geräusche aus der Dingwelt
Es roch nach...
Ich brauchte gar nicht die Augen zu schließen
um ganz andre Vorgänge zu erleben
als ich sie vor mir hatte
und die »wirklichen« Bilder dabei zu beschreiben
die »Tatsachen«
das wäre beliebig
denn tatsächlich
waren nur die »anderen« Bilder
in die mich die »wirklichen« mehr und mehr einwiegten
und die »anderen« Bilder
waren keine Allegorien
sondern durch das Wohlgefühl
befreite Augenblicke
aus der Vergangenheit
– wie ich mich jetzt gerade
an einen Igel im Gras erinnere
mit einem Apfel
der in den Stacheln steckte
Zeichen
mit dem Atem aus der Tiefe des Bewußtseins zu holen...

So konnte ich zärtlich sein
ohne zu lieben
und die Haut an den Fersen
der blasse Nabel
und das selige Lächeln
waren kein Widerspruch
und jedes für sich Einzelne
verschränkte sich ineinander:
die Blätter vor dem Fenster
das sich wach singende Kind
ein Fachwerkhaus in der Dämmerung
das helle Blau an den Bildstöcken aus der Zeit
als man noch an die Ewigkeit glaubte
»Ja, schluck das!«
»Schönheit ist eine Art der Information« dachte ich
warm von dir
und von der Erinnerung
»Du zwingst mich
so zu sein
wie ich sein will« dachte ich
Zu existieren
fing an
mir etwas zu bedeuten –
Nicht aufhören!
Ich stockte soeben
als ich merkte
wie jäh das Gedicht zu Ende ging

Die Sinnlosigkeit und das Glück

Für Jean-Marie Straub

An einem kalten, unbeschreiblichen Tag,
wenn es nicht hell und nicht dunkel werden will,
die Augen sich weder öffnen noch schließen wollen
und die vertrauten Anblicke nicht an das alte
Weltvertrauen erinnern,
aber auch nicht als neue Anblicke ein Gefühl für
die Welt herbeizaubern,
– das zwei-einige poetische Weltgefühl –,
wenn es kein Wenn und Aber gibt,
kein Damals mehr und noch kein Dann,
verschwitzt die Morgendämmerung und der
Abend noch unvorstellbar,
und an den bewegungslosen Bäumen nur ganz
selten ein einzelner Zweig schnellt
– als sei er um etwas leichter geworden,
an einem solchen, unbeschreiblichen Tag
geht auf der Straße,
zwischen zwei Schritten,
plötzlich der Sinn verloren:
dem Neger im Ledermantel, der einem
entgegenkommt,
möchte man in das Gesicht schlagen,
oder der Frau, die im Geschäft vor einem den
Zettel abliest,
knacks von hinten den Hals zudrücken.
Und immer öfter erschrickt man bei dem Gedanken,
wie nah man daran war, es wirklich zu tun,
– ein Ruck fehlte noch, der geheimnisvolle Ruck,
mit dem früher einmal die Liebe einsetzte
oder der wilde Entschluß, ein Leben nach der
eigenen Vorstellung zu führen,
oder, ebenso zwischen zwei Schritten,

die Gewißheit einer formlosen Art von
Unsterblichkeit...
(Von einigen, denen es diesen Ruck gab, liest
man dann in der
Zeitung und wundert sich, daß es noch immer
so wenige sind.)
Wo man jetzt hinblickt – alles grünlich verfärbt
in solchen Momenten,
wie auf einer zu kurz entwickelten Fotografie,
die Gegenstände halbfertig,
und keine Hoffnung, sie fertigzustellen,
jeder Anblick ein verrottetes Fragment, ohne
Idee von dem Plan,
der verlorenging,
noch im Rohbau und schon Ruine,
vor der man ausweicht, in der Befürchtung,
selber miteinzustürzen
– das gilt auch für dich, und für dich dort:
eure abbruchreifen, von welchem Abonnement?
auf welches Sinn-Theater?
welcher Weltbild-Monopol-Truppe?
gestützten Gesichter
möchte man übers Knie brechen –
und es betrifft ebenso einen selbst,
Abschreibungsobjekt unter andern,
das nach all diesen Anblicken zuletzt nur an sich
hinunterschaut,
und da den eigenen Nasenrücken sieht,
einmal links, einmal rechts,
von einem Auswuchs den Auswuchs:
– wenn sich die Augen doch schließen wollten,
– man doch blinzeln könnte in solchen Momenten,
das Ekelgefühl an den Augäpfeln lindern,
– und es nur Momente wären, (nach denen
man aufatmen kann) –

aber nicht dieses zeitlose,
leergeräumte, sprachlose,
zukunftsverdrängende, nicht
aus dem Zenit zu verrückende,
die Seele aus dem Leib kratzende,
unbeatmete, sinnlose Unding.
– Auf offener Straße ist jemand stehengeblieben
und kann nicht mehr weiter:
nicht nur er ist stehengeblieben,
sondern auch alles andere,
und so hat es den Anschein, daß er weitergeht,
und daß auch das andere weitergeht.
Aber er markiert nur das Gehen;
und auch der Blick, mit dem er den Horizont am
Ende einer Straße betrachtet,
ist markiert;
und die Pommes frites, die er im markierten
Vorbeigehen irgendwo riecht
– es könnte auch ganz woanders sein –,
bemerkt er nur noch wie aus einer letzten
Gutmütigkeit gegen sich selber:
tatsächlich riecht er gar nichts mehr,
und die Pommes frites sind herrenlose
Überbleibsel aus jener schon unvorstellbaren Zeit,
als jeder Gegenstand sich noch wohlig an seinen
Sinn schmiegte:
Erinnerung an ein Bild in der Kirche, wo die Gerechten
unter dem Mantel der Muttergottes stehen.
»When I was a boy, everything was right«:
welch falsche Sehnsucht,
denn nur selten war etwas richtig, als man ein Kind war,
meistens das Gefühl, mit brennenden Niednägeln überall
im Luftzug zu stehen –
und dieses Niednagelgefühl ist zurückgekehrt;
so daß es nicht heißen darf:

»Der Sinn ging verloren«, sondern:
»Die Sinnlosigkeit ist wiedergefunden.«
Es gab keinen Plan,
auch nicht die Idee eines Plans,
und an den zwischenzeitlichen Sinn, an die Augenblicke
von Liebe,
von Geilheit, von Raserei und »gerechtem« Zorn erinnert
man sich jetzt mit Brechreiz.
Hilfe – Laß doch die schlechten Witze ...
Wohin soll man noch schauen?
Wo überlebt noch der letzte Widerspruch?
Wo ist der Anblick, der einen wiederbelebt?
Doch alle Fragen sind rhetorisch geworden,
routinierte Erinnerungen an wirkliche Fragen,
und weil die Fragen nicht ernstgemeint sind,
bewegen sich die Lippen theatralisch mit ihnen mit
und zucken zurück, wenn sie einander berühren:
so sehr sind sogar schon die eigenen Körperteile
zu einer unsympathischen Außenwelt ausgestülpt,
wo sich alles in Dinge aufteilt,
die einander abstoßen.
Ja, alles ist penetrante Außenwelt geworden in diesem
Zustand,
und in dem offenen Schädel bläht sich im Luftzug
ein unappetitliches Etwas,
das sich Gehirn nannte.
Statt Bewußtsein nesselhaft Vegetatives,
Hautempfindung und Allergie:
eine unabsehbare Zeit des Ausschlags, der
Gänsehaut, der Ekzeme, des Wundseins.
Als die Lippen einander zufällig berührten,
juckte es unangenehm
– man ist kitzlig an sich selber geworden.
Auf einem Gerüst hoch über der Straße stehen Bauarbeiter
mit bunten Helmen auf dem Kopf und winken die Last

eines Krans heran:
kommt doch herunter, auf gleiche Höhe,
und nehmt eure euch adelnden Helme ab,
ihr Erpresser,
dann werden wir sehen, wer ratloser ist!
Der Himmel über dem Kran könnte ein Bild sein,
das die lebensnotwendige Geduld zurückbringt,
aber auch der bewährte Abendhimmel heilt nichts,
auch nicht das doch so oft beruhigende Wort,
das man sich vorspricht:
die Wolken glänzen abstoßend,
liegen in heilloser Unordnung,
wie in einem Windbruch,
und auch auf der Erde bis zum Horizont ein
einziger Windbruch.
Alles ein einziger Windbruch.
Alles ein Durcheinander.
Und alles ausdruckslos.
Und alles völlig ausdruckslos.
Trotzdem ein Mißmut,
daß die vielen, die unterwegs sind,
sich nicht einfach auf die Straße hinlegen und vergehen,
so wie man selber vergehen möchte,
vielleicht nicht für immer,
doch jedenfalls auf der Stelle ...
In alten Geschichten wollen Scheintote sich
verzweifelt bemerkbar machen,
indem sie den kleinen Finger zu krümmen
versuchen –
wie aber sich umgekehrt bemerkbar machen,
wenn einem alles sich selbsttätig krümmt
im Schein einer ausdruckslosen Lebendigkeit?
Wie die Ausdruckslosigkeit ausdrücken,
wenn das Weitergehen,
aber auch das Stehenbleiben,

das Aufblicken,
aber auch das Wegblicken,
das Reden,
aber auch das Nicht-mehr-Weiterreden
ohne eigenes Zutun Leben vortäuschen?
Wie gesagt, rhetorische Fragen.
»Gleich würde der Sargdeckel für immer und
ewig über ihm geschlossen werden«, heißt es in
den Scheintoten-Geschichten:
und nur in einer Ich-Geschichte gäbe es dann
noch ein Aufwachen.
»Gleich würde man wieder um eine Pfütze
herumgehen; gleich würde man wieder an einer Ampel
stehenbleiben.«
Es ist keine Ich-Geschichte:
also geht man für alle Zeit um die Pfützen herum und bleibt
ewig an allen Ampeln stehen.
Was für einen Aufwand betreiben noch die apathischen
Schläfer
in den Schächten der Untergrundbahn,
indem sie auf Zeitungen liegen
und sich mit Lumpen zudecken!
Welch eine Anstrengung, sich auch nur vorzustellen,
daß sie nach so vielen Jahren immerhin noch die
Kraft haben,
nach halbleeren Weinflaschen zu greifen!
Vielleicht trifft man jetzt jemanden, den man kennt,
»von früher«, denkt man,
auch wenn man ihn erst gestern kennengelernt hat,
so sehr hat mit dem Unsinn eine eigene Zeit angefangen.
Gleich wird man das Handgeben markieren...
Und mit dem Austausch von Bemerkungen, der nun
einsetzt,
ergibt sich sofort eine Harmlosigkeit,
in der der Unsinn endlich unerträglich wird

– weil man auf einmal zu übertreiben glaubt
und sich gegenüber den andern im Unrecht fühlt
und seinen Zustand für bloße Zustände hält:
als benähme man sich »wie ein Schulbub«,
nicht ernstzunehmen.
Man nimmt sich also nicht ernst in Gesellschaft,
aber der Unsinn ist zu wirklich,
und deswegen also jetzt unerträglich.
Das Gesicht wird häßlich vor Sinnlosigkeit.
So setzt man sich irgendwohin
und läßt es Nacht werden.
Ab und zu reißt man stumm den Rachen auf,
als hätte man Kiefersperre.
Eine Hauswand blättert ab.
Ein Kinderkarussell dreht sich unter einer Bahnbrücke.
»Eigentlich« ist die Hauswand schön,
und »eigentlich« ist das Karussell schön –
aber auch der schönste Anblick nimmt nun vom
Lebendigen.
Ein Bombenangriff der Sinnlosigkeit auf die Welt:
gleich hinter der Hauswand bricht die Erde ab in die Wirbel
des Undefinierbaren
(die einen nennen es Tiefseegraben, die andern den
Weltraum, andre die Hölle)
und auf dem letzten Atoll dreht sich ein Kinder-Karussell
glockenbimmelnd, mutterseelenallein.
Halt! Schau dieses Bild länger an:
senkten sich davor nicht die Lider über die Augen?
– Es ist kein Bild: und wenn, dann ist es vor deiner
Ungeduld
mit dem letzten Erdrest untergegangen.
Die Finsternis, wo die Welt war,
unterscheidet sich von der Finsternis des
Undefinierbaren ringsum
nur noch durch das frischere Schwarz,

und jetzt strömen auch schon die Wirbel herein ...
Jemand läßt seinen Mund auseinanderklaffen
und schläft ein,
aber auch auf dieser Flucht wird er eingeholt:
es fehlt selbst die Zeit zum Träumen inzwischen:
nach ein paar Atemzügen wird er von der
Sinnlosigkeit wachgebeutelt,
immer wieder,
wie der Zeichentrickheld von dem tropfenden
Wasserhahn,
»die Zeit, als die Träume noch halfen« ist ein Satz aus dem
Märchen geworden –
die nächste Fortsetzung seines Abenteuers läuft wieder nur
nach dem Trickschema.
Im Moment des Erwachens,
der gleich auf den Moment des Einschlafens folgt,
– »schon meldeten sich die Träume an« –
bricht unter der splitternden Umwelt,
die sich doch gerade besänftigen wollte,
wieder weltweit und hautnah
das krachlederne UNDING hervor.
Auch wenn man etwas fixiert –
man sieht jetzt alles entstellt, wie aus den Augenwinkeln:
nach einem Hund, der weit weg vorbeirennt, greift man in
die Luft,
wie nach einer an der Wange vorbeisirrenden Mücke,
und die auf dem Mauersims laufende Katze sieht
man zum Greifen nahe als Tausendfüßler;
eingeengt von dem entlegensten Anblick!,
und keine Möglichkeit mehr,
stehende Luft,
die man vergebens einatmen will,
alles ist, wie es ist,
jedes Zurückgezwängte in seine
Nische.

(»Ich wartete auf der Chaiselongue darauf, ob mir der Sinn
des Lebens wieder aufginge«, stand in einer alten Autobio-
graphie.)
– Und wenn das so ist,
und als das so war,
alles beim alten,
und als die Beine das eingesargte Bewußtsein immer noch
dummtreu
von einem Ort zum andern schafften,
– wenn doch einmal ein Knie geknickt wäre –
schaute man, weil man keine Wahl hatte, keine
Wahl hatte,
zu Boden, schaute zu Boden,
und erblickte endlich,
weil man keine Wahl mehr hatte,
etwas Neues.
Einmal ist es vielleicht der grüne
Auslegeteppich im Vorraum eines Kinos,
bei dessen Anblick man plötzlich aufschnauft
vor neuer Verbundenheit,
– ein herzhaft rührseliger Schnarchton –,
und vom Boden steigt dröhnend die Linderung auf,
und über die brennenden Augäpfel senken sich die Lider
langsamer
und streicheln mild die Geduld zurück –
nur jetzt nicht voreilig werden!:
oder ein anderes Mal ein
Schreibmaschinengeschäft,
wo man auf eine Maschine hinabstarrt,
in die zum Ausprobieren Papier eingespannt ist,
und da, unter vielen Leuten in dem Geschäft, liest:
»O désespoir! O vieillesse! O rage!…«
– Die Augen werden groß,
und was man auch anschaut,
lacht –

so viel ist plötzlich, nach dem so langen Unsinn, von dem
Überfluß der Welt dagewesen.
Der Gegensatz zur Sinnlosigkeit ist nicht der Sinn –
man braucht nur keinen Sinn mehr,
sucht auch keinen philosophischen Sinn für den Unsinn:
ausgezählte Wörter; die verboten gehörten, denkt man.
An einem Caféhaustisch sitzt eine Frau vor einem Glas Bier,
schaut zum Fenster hinaus
und lächelt.
Nur sie unter den vielen, die da sitzen,
hat einen Ausdruck:
Und als man sie ansieht,
kehrt auch in das eigene häßliche, taube Gesicht
ein Gefühl zurück,
der unbeschreibliche Tag wird beschreiblich,
er neigt sich,
und wenn man die Frau wieder ansieht,
bemerkt man, daß sie gar nicht lächelt,
sondern nur einen Ausdruck hat:
schon der Ausdruck in ihrem Gesicht ist einem als Lächeln
erschienen.
In der Zeitung das Foto des Polizisten,
der einen Knüppel hebt:
Kann der das ernst meinen? denkt man.
Weiß er, was er tut?
Wie kann man ihm begreiflich machen, daß er von Sinnen
ist? –,
und auf der Straße steigen immer wieder Frauen in die
Taxen,
alle mit der gleichen Bewegung,
mit der sie den Kopf einziehen und dann hinter sich den
Mantel festklemmen:
allmählich malt man sich diese verschiedenen Frauen
schon als etwas Mythisches aus
– altes Schluckauf seinstrunkener Poeten –:

als eine Frau mit Wasser in den Beinen einsteigt, mühseliger
als die andern,
und heilsam das leichtfertige Bild zerstört…
Und womit kehrst du am Abend nach Haus zurück? –
Mit solchen Anblicken zum Beispiel, antwortet der
Anblicksammler stolz.
Und wie ordnest du sie? –
Weil die Angst vor dem Unsinn vorbei ist,
brauchen sie keine Ordnung mehr.
Und der eigene Eindruck? –
Weil der Unsinn vorbei ist, ist der Anblick
zugleich schon der Eindruck geworden.
Und die eigene Sprache? –
Wenn ich was sehe, sage ich nur noch: O Gott!
oder: Nein!
oder: Ach!
oder rufe einfach aus: Der Abendhimmel!
oder wimmere, leise…
Und doch –
Vorsicht vor der Musik der Welt!
Vorsicht vor dem glücklichen Ende!
Denn auch als damals der unbeschreibliche Tag kam,
war man gewarnt von den früheren unbeschreiblichen
Tagen,
wie im Märchen, bevor man sich auf den Weg durch den
Wald macht,
von der guten Fee oder dem sprechenden Tier,
– und muß dann doch, wie im Märchen,
die Warnung wieder vergessen haben.
Wenigstens, statt ans allzu anekdotische Glück,
hält man sich an den Moment,
als der Unsinn nachließ und die neue Vertrautheit als
Schmerz gefühlt wurde.
Schon melden sich die Träume an.
Schon sind sie da:

Eine große rote Kirsche fällt langsam an einem vorbei den
Liftschacht hinunter.
Am Ende der langen Häuserreihe steht mitten auf der
Straße ein Hirsch.
– Und wenigstens ist, wie im Schlager, die Zeit zum
Träumen wiedergekommen.
– Und wenigstens die Zeit, in der man träumen kann, ist
eine vernünftige Zeit.
Schon nickt man auf der Straße sich selber zu und schüttelt
den Kopf;
kaut, wie als Kind, vor dem Einschlafen einen Apfel im
Bett;
geht mitten durch eine Pfütze durch
und sagt für »Karussell« wieder »Ringelspiel« ...
An einem kalten, hellen Morgen,
noch beatmet von einem langen,
beseligenden Traum,
in dem man das war,
was man sein kann,
– der Traum war selber schon die Erfüllung –
kriegt man beim Anblick des weiten Himmels hinter dem
Stadtrand zum ersten Mal die Lust, alt zu werden,
und vor einem Kind,
das einen anschaut,
nachdem es ein Glas umgeworfen hat,
denkt man,
wenn das Kind einen nicht mehr so anschauen müßte,
das könnte das Wahre sein.

Leben ohne Poesie

Für A., für später

In diesem Herbst ist die Zeit fast ohne mich vergangen
und mein Leben stand so still wie damals
als ich aus Mißmut Schreibmaschine lernen wollte
und abends in dem fensterlosen Vorraum auf
den Beginn des Kurses wartete
Die Neonröhren haben gedröhnt
und am Ende der Stunde wurden die
Plastikhüllen wieder über die Schreibmaschinen gezogen
Ich bin gekommen und gegangen und hätte
nichts über mich sagen können
Ich nahm mich so ernst daß mir das auffiel
Ich war nicht verzweifelt nur unzufrieden
Ich hatte kein Selbstgefühl und kein Gefühl
für etwas anderes
Ich ging und stand unentschieden herum
wechselte oft den Schritt und die Richtung
Ein Tagebuch das ich schreiben wollte
bestand aus einem einzigen Satz
»Ich möchte mich in einen Regenschirm stürzen«
und das noch versteckte ich in Kurzschrift

Vier Wochen lang hat jetzt die Sonne geschienen
und ich bin auf der Terrasse gesessen
und zu allem was mir durch den Kopf ging
und zu allem was ich sah
habe ich nur »ja, ja« gesagt

Die Tage gingen wirklich ins Land
und Freunde die sonst arbeiten
haben mich besucht und sind mit mir
auf der Terrasse gesessen

»Wir haben bei der Arbeit schon ganz auf das
Leben vergessen«
sagten sie
aber ich habe die Rolle des Lebenskünstlers vor
ihnen nicht spielen können
und sie sind von ihrem Ausflug zufriedener an
ihre Arbeit zurückgekehrt

Es war die Zeit der Natur
und nicht nur die Müßiggänger sind naturfromm
geworden
Auch die Geschäftsleute begleiteten den
Austausch von Ware und Geld
mit Worten der Unlust darüber
daß sie »an einem Tag wie heute auf das
Geschäft aufpassen« mußten
und ich glaubte ihnen dabei
(mehr als sie sich selber)
Doch als dem Mietwagenfahrer vor mir über
dem Farbenspiel in der Landschaft das Herz aufging
habe ich ihm mürrisch vorgehalten daß es
unzulässig ist
bei Mietwagen die Anfahrt mitzuberechnen

Ich lebte in den Tag hinein und zum Tag hinaus
hatte Augen für nichts
Ich beneidete auch niemanden um seine Tätigkeit
nicht aus Faulheit
nicht aus Gleichgültigkeit
sondern weil mir mein Nichtstun im Vergleich
noch vernünftig vorkam
In meinem Stumpfsinn habe ich mich den
anderen überlegen gefühlt
ohne daß mir das freilich half
denn obwohl ich meinen Zustand für ein Symptom hielt

ging es nur um mich
und darum daß ich nicht wußte was ich wollte
und daß ich den ganzen Tag nur ein schlechtes
Gefühl hatte –
Vor allem habe ich die Augen zu Boden geschlagen
Der Kopf hat mir immer wieder die alten
Gedanken vorgespielt

»Basel SBB« las ich auf einer Zuganzeigetafel
im Hauptbahnhof
»Scheiß-Basel« habe ich sofort gedacht und bin
mit der Rolltreppe zur Post hinauf gefahren
ohne auch nur einen einzigen eigenen Schritt zu tun

Ein warmer Tag
Eine kalte kalte Nacht
»Jeden Tag kommen meine Kinder aus dem
Kindergarten mit einem neuen Lied nach Hause«
sagte ein Nachbar
»Ich habe heute noch ein großes Programm«
sagte ein anderer Nachbar
»Je länger ich nachdenke desto sibirischer
wird der Wind der durch mein Gehirn bläst«
las ich bei James Hadley Chase

In den Zeitungen stand alles schon schwarz auf weiß
und jede Erscheinung erschien von vornherein
als ein Begriff
Nur in den Feuilletons wurde noch aufgefordert
die Begriffe doch anzustrengen
aber die Begriffsanstrengungen der Feuilletonisten
waren nur ein Schleiertanz vor anderen
tanzenden Schleiern
Die Romane sollten »gewalttätig« sein und die
Gedichte »Aktionen«

Söldner hatten sich in die Sprache verirrt und
hielten jedes Wort besetzt
erpreßten sich untereinander
indem sie die Begriffe als Losungsworte gebrauchten
und ich wurde immer sprachloser

Ich hatte das Bedürfnis jemanden zu lieben
aber wenn ich mir vorstellte wie das im einzelnen wäre
wurde ich mutlos
Im »Mann ohne Eigenschaften« bin ich bis zu
dem Satz gekommen
»Ulrich sah s i c h den Menschen an«
(Auch »den Menschen« meinte Musil verächtlich)
da habe ich vor Ekel nicht weiterlesen können
Das war vielleicht ein Zeichen daß es mir schon besser
ging

Manchmal ist mir mein Kind eingefallen
und ich bin zu ihm hingegangen
nur um ihm zu zeigen daß ich noch da war
Vor lauter schlechtem Gewissen
habe ich besonders *deutlich* zu ihm gesprochen
Einmal habe ich es umarmt
als es in einem längeren Satz das Wort
»sondern« gebrauchte
dann wieder fuhr ich es an
weil es Schluckauf bekam

Damals im Sommer
als das Gras noch dicht und lang war
lag buntes Spielzeug drin verstreut
und jemand sagte
»Das liegt im Gras wie der Traum von einem Kind«
(Bevor ich das schrieb
habe ich ganz innerlich lachen müssen

Aber es entsprach den Tatsachen – ohne
Begriffsanstrengung)

»Ich bin oft glücklich gewesen«
sagte eine schöne ältere Frau
die gern auf dem Teppich saß
und sich mit der Hand unter der Bluse die Schulter strich
WIE oft?

Meine Schwester kam aus Österreich
und fing sofort an
das Haus zu putzen und aufzuräumen
Unwillig bemerkte ich wie sie mir den Tee bis
zum Rand voll schenkte
Dann ist mir eingefallen daß das alle ärmeren
Leute mit ihren Gästen so machten
und vor Traurigkeit bin ich mir fremd geworden
(Gleich darauf erlebte ich wieder
wie ich meine Mutter einmal böse angeschaut hatte
als sie zu einer Platte der Beatles ein bißchen
den Kopf wiegte)

Ich war nicht ganz untätig
gründete mit andern zusammen einen Kindergarten
beantragte eine Eintragung in das Vereinsregister
aber das sind nur Ornamente meines Dösens gewesen
wie wenn ein Kind seinen Kot auf dem Boden verschmiert

Ich unterhielt mich auch mit einigen Leuten
wir wiederholten immer wieder was wir gleich
anfangs einander gesagt hatten
einer frischte die Erinnerungen des andern auf
ich sprach als ob ich einem Lauscher immerzu
meine Harmlosigkeit beweisen wollte
Der Hals ist mir steif geworden

und wenn mir alles über war
wendete ich mich nicht weg
sondern schaute bloß ein kleines bißchen zur Seite
»Nun hör dir das an« sagte der Ben aus
»Schau heimwärts, Engel«
in den leeren Raum hinein
Genau so war es
und vor lauter kopflosem Reden
war ich so zerstreut daß ich nachher kein Buch lesen konnte

In dieser eintönig strahlenden Herbstwelt
ist mir auch das Schreiben unsinnig vorgekommen
Alles drängte sich so auf daß ich phantasielos wurde
Vor der äußeren Pracht der Natur gab es keine
Vorstellung von etwas anderem mehr
und in den täglich gleichen Gesamteindrücken
rührte mich keine Einzelheit

»Nein ich habe keinen Wunsch« sagte ich
und so verstand ich auch nicht die Wünsche des Kindes
Blind habe ich an den Nachmittagen immer
wieder nach dem Weinglas gegriffen
Ich durfte nicht voraus denken
Die Gedanken verkümmerten sofort
weil ich kein Gefühl dabei hatte
und fast keine Stunde verging ungezählt
»Immer noch besser als gerade verdursten«
habe ich einmal gedacht

Das Einschalten des Fernsehers am Abend habe
ich jeweils hinausgezögert
Der Vollblutpolitiker hatte seinen Blutdurst für
den Wahlkampf in ein immerwährendes
grausiges Lächeln versteckt
das für die Gläubigen franziskanisch aussehen sollte

(Er redete auch wirklich zu ihnen wie zu Spatzen
in seinem Handteller)
und dann spielten
Schauspieler
Sänger und
Kamerabilder
dem Publikum das Paradies der Gefühle vor
in dem die Bilder der Menschlichkeit so käuflich waren
die Herztöne so verfügbar
und die Mienen der Zuneigung so verpuppt
daß ich Stuhldrang bekam

In der Zeitung las ich den Ausspruch der Gattin
eines reichen adeligen Bankiers
»Unter dieser Regierung sind die Reichen noch
reicher geworden
Sie werden es mir nicht glauben
MEIN MANN IST SEHR BÖSE DARÜBER«
Das hat mich sinnlos aufleben lassen

Einmal saß vor mir eine Frau
so schön
und ich dachte »Ich muß ihr ganz nahe kommen
damit sich ihre
Schönheit entfalten kann«
aber als ich ihr näher kam
schrumpelte sie zusammen

Wenn ich am hellichten Tag aus der Ebene nach
Norden auf die Stadt zufuhr
war der blaue Himmel über dem Mittelgebirge so dunkel
als ob dahinter die Nachtgrenze sei
es war eine Gewitterstimmung ohne Gewitterwolken
bewölkte Augen bei strahlendem Sonnenschein
und die Sägen haben gekreischt daß ich dabei an

ein Unglück denken mußte
Die Kinder der Siedlung sind mit Rollschuhen
auf der Straße gefahren
»Wo ist deine Mutter?« habe ich eins im
Vorbeifahren fragen hören
»Die ist zum Großmarkt einkaufen«
Das ist mir wie ein Motto zu dem Leben hier erschienen
und ich bin momentan ganz fröhlich geworden
Ich ging zum Telephon und rief alte Bekannte an
Die Freundinnen nach denen ich mich erkundigte
gab es schon lange nicht mehr
immer mehr lebten gerade allein
Ich hob ein paar Brösel vom Teppich auf
Draußen auf der Terrasse lag noch vom Sommer
her der Gartenschlauch im Gras
Ich stieß ein Glas Aquavit um
der kalte Aquavit rann ganz langsam auseinander
wölbte sich an der Tischkante
ohne herunterzutropfen
aufdringlich sind überall die Fliegen gestorben
ich konnte sie sammeln und in den Papierkorb werfen
Wenn ich den Wasserhahn aufdrehte
erwischte ich immer gerade die Chlorbeigabe
die im Zehnminutenabstand erfolgen sollte
und gegen Sonnenuntergang
als ich zum Briefkasten ging
war ich vom Asphalt so geblendet daß ich die
Hand über die Augen legen mußte
um die dunklen Entgegenkommenden grüßen zu können
Endlich dann in der Abenddämmerung
hat an dem Giebelhaus schräg gegenüber
tröstlich gelb das EDEKA-Schild geleuchtet
und ich bin einkaufen gegangen
Der Laden war hell und still
der Kaufmann war schon am Abrechnen

die Kühltruhen brummten freundlich
und daß der Schnittlauch den ich kaufte
mit einem Gummiband zusammengehalten wurde
hat mich fast zu Tränen gerührt
Am späten Abend
als ich in mich versunken im geräuschlosen
Zimmer saß
ertönte plötzlich die Gitarre am Boden eine Fliege
war darübergekrochen
In der Nacht dann
schlief ich mit einer Gartenschere neben mir
Es war Vollmond
und das Kind zappelte mit zitternden Händen
schreiend in seinem Bett
Wenn ich die Augen schloß brachte ich sie nur
eines nach dem andern wieder auf
Ich hatte schon gewußt wie ich leben sollte
Aber jetzt war das alles vergessen
nicht einmal einen Furz würde ich als etwas
Leibhaftiges empfinden

»Es steht schlimm mit mir
Ich weiß so sollte man nicht aufhören
aber es geht nicht anders«
mit genau diesen Worten
– Speedy Gonzales der Begriffe –
wollte ich aufhören
schon bevor ich zu schreiben anfing
Dann mit der Schamlosigkeit
des Sich-Ausdrückens
ist das Vorausgedachte von Wort zu Wort
gegenstandsloser geworden
und wirklich mit einem Schlag
wußte ich wieder was ich wollte
und bekam eine Lust auf die Welt

(Als Heranwachsender
wenn sich ein Weltgefühl einstellte
bekam ich nur Lust etwas zu SCHREIBEN
jetzt stellt sich meist erst mit dem Schreiben
eine poetische Lust auf die Welt ein)
»Ich habe wieder ein Selbstgefühl« dachte ich
Dabei versprach ich mich in Gedanken und
dachte »Selbstgewühl«

In den letzten Tagen
ist die Natur musikalisch geworden
Ihre Schönheit wurde menschlich
und ihre Herrlichkeit auch innerlich
mit Vergnügen bin ich im Laub geschlurft
und hinter einem parfümierten Pudel hergegangen
Die Büsche haben sich bewegt
wie wenn Manöversoldaten darunter getarnt wären
tierisch leibhaftig standen die tiefbraunen
Fichten vor dem Fenster
und an einer Stelle inmitten der düsteren Landschaft
flimmerten die Birkenblätter so hell wie ein Schmerzenslaut
»Ach!« habe ich gedacht
Weiter weg zog hinter den Häusern Rauch vorbei und die
Fernsehantennen sind davor Monumente geworden
Mit jedem Tag sah man in den Laubbäumen
mehr von dcm Astwerk
die wenigen Grashalme die nach dem letzten
Mähen noch nachgewachsen waren
glänzten so innig
daß ich Angst vor dem Weltuntergang kriegte
in meinem menschlichen Widerschein lächelte
sogar der Verputz an den Häusern
»Mir tut das so weh!« hörte ich eine Frau von den
Kondensstreifen der Düsenflugzeuge am Himmel sagen
Gegen Abend kamen die Essensgerüche aus den

Bungalowküchen
und das Kind ist jeweils sekundenlang hungrig geworden
»In den Schatten dort muß es schon kalt sein«
Ich schrieb richtig MIT
sagte lang Verschwiegenes
und dachte dann wörtlich
»So jetzt kann das Leben wieder weitergehen«
Vom Umschalten der Ampel verschreckt
fingen die Gastarbeiterinnen
auf dem Zebrastreifen
mit herausgestrecktem Hinterteil zu rennen an
Die Ladenmädchen
in dünnen Westen
liefen mit verschränkten Armen schnell über die Straße
Hinter dem Milchglas einer Telephonzelle
ohrfeigte eine Mutter ihr Kind
Wie stolz bin ich auf das Schreiben gewesen!

Ulla Berkéwicz
Nachwort

Im vergangenen Februar, am Morgen nach der Premiere
von *Spuren der Verirrten*, traf ich Peter Handke in seinem
Hotel beim Berliner Ensemble. Premierenkater, wie immer.
Man kann nicht über die Aufführung reden, nicht am Mor-
gen danach. Man braucht andern Stoff. Ich spreche ihn
noch einmal auf die Publikation eines Bandes mit seinen
Gedichten an.
Im vorangegangenen Jahr hatte ich ihn immer wieder dar-
auf angesprochen, er aber hatte abgelehnt mit der Begrün-
dung, er sei kein Lyriker.
An jenem Februarmorgen nach der Premiere wollte ich ihm
noch einmal meine Geschichte mit seinen Gedichten erzäh-
len, in der Hoffnung, ich könnte ihn bewegen, könnte ihn
jetzt, nachdem die Premierenspannung gewichen war, er-
weichen. Wollte ihm erzählen, welche Einzigkeit mir seine
Gedichte bedeuten, angefangen von denen aus *Die Innen-
welt der Außenwelt der Innenwelt* bis zum *Gedicht an die
Dauer*. Wollte erzählen, aber mußte nicht. Peter Handke
war mit dem Vorschlag einverstanden und bestimmte auch
gleich die Herausgeberin.

Bei der Arbeit an dem vorliegenden Buch wurde mir klar,
daß ein reiner Sammelband, der die Gedichte nach Erschei-
nungsdatum anordnet, falsch wäre. In den Gesprächen mit
Peter Handke stellte sich dann die Struktur heraus: Den er-
sten Teil bildet *Die Innenwelt der Außenwelt der Innen-
welt*, wo aber jene Gedichte, die aus Zeitungsausschnitten
collagiert sind, keinen Bestand mehr für ihn hatten, also
weggelassen wurden. Deshalb sind die Gedichte dieses
Bandes neu numeriert. Erste philologische Anmerkung:

Bei dem ersten Gedicht, *Die neuen Erfahrungen*, wurden die Schrägstriche am Ende der Zeile weggelassen und die Kapitälchen in normale Groß- und Kleinschreibung umgewandelt. Ansonsten sind sie hier unverändert wiedergegeben.

Der zweite Teil des Buches besteht, so wollte Peter Handke es, aus jenen Gedichten, die in den Band *Das Ende des Flanierens* aufgenommen wurden, und jenen, die in den fünf Notizbüchern enthalten sind, also in *Die Geschichte des Bleistifts*, *Das Gewicht der Welt*, *Phantasien der Wiederholung*, *Am Felsfenster morgens* und *Gestern unterwegs*. Die Anordnung innerhalb dieses Teils wurde von Peter Handke selbst als »mixen« bezeichnet. Zweite philologische Anmerkung: Die Gedichte dieses Teils, die den Notizbüchern entnommen sind, wurden vom Autor leicht überarbeitet und teilweise mit neuem Zeilenfall versehen.

Den dritten Teil bildet das »Gedicht an die Dauer«, das in ebender Form hier aufgenommen ist, in der es 1986 in der Bibliothek Suhrkamp veröffentlicht wurde.

Der vierte, titelgebende Teil, *Leben ohne Poesie*, entstammt dem Band *Als das Wünschen noch geholfen hat* – allerdings wurde die ursprüngliche Reihenfolge der drei Gedichte umgekehrt, so daß das vorliegende Buch nun mit dem der Tochter Amina gewidmeten Gedicht *Leben ohne Poesie* endet.

Jetzt stehen in meines Vaters Garten die Pilze im Kreis, Pilzherren, Geheime Räte, Kreisflüsterer. Die Nacht ist feucht, es tropft. Heine grüßt Handke, er zieht den Hut bis auf den Vaterboden, bis vor die Pilzfüße zieht er ihn und spricht: »›Die göttlichen Vettern‹, die Dichter, sind verteidigt durch ihre Verse, auf die auch mit der schrägsten Meinung kein schiefer Reim zu machen ist. Sie werden noch wahr sein und klingen, wenn, nebbich, alle Lümpchen mitsamt den Dichtern und Marien längst im Grabe ruhn.«

Kleiner warmer Pilzatem, Unterhausbeifallgemurmel. Yeah!

Es swingt, es verst.

Ein paar arme Meinungsseelen stehn vorm Zaun und gaffen, halten Maulaffen feil. Mißgeruch. Stinkmorcheln im Kürbisbeet? Halloween-Eier?

Wind kommt auf, fährt in die Dichter, die Pilze, Handke-Beat. Ein Herbstblatt tanzt vom Vaterbaum, Leuchtfäden wie Blattadern, Lichtverse.

Inhalt

Suhrkamp Verlag GmbH
Torstraße 44, 10119 Berlin
info@suhrkamp.de
www.suhrkamp.de